하나님 말씀과 기도로
거룩하여 짐이라
(딤전 4:5)

맥체인 성경 읽기표

10월

일차	날짜	가정		개인	
274	10/1	왕상 3	엡 1	겔34	시83·84
275	2	왕상4·5	엡 2	겔35	시85
276	3	왕상 6	엡 3	겔36	시86
277	4	왕상 7	엡 4	겔37	시87·88
278	5	왕상 8	엡 5	겔38	시89
279	6	왕상 9	엡 6	겔39	시90
280	7	왕상10	빌 1	겔40	시91
281	8	왕상11	빌 2	겔41	시92·93
282	9	왕상12	빌 3	겔42	시94
283	10	왕상13	빌 4	겔43	시95·96
284	11	왕상14	골 1	겔44	시97·98
285	12	왕상15	골 2	겔45	시99~101
286	13	왕상16	골 3	겔46	시102
287	14	왕상17	골 4	겔47	시103
288	15	왕상18	살전 1	겔48	시104
289	16	왕상19	살전 2	단 1	시105
290	17	왕상20	살전 3	단 2	시106
291	18	왕상21	살전 4	단 3	시107
292	19	왕상22	살전 5	단 4	시108·109
293	20	왕하 1	살후 1	단 5	시110·111
294	21	왕하 2	살후 2	단 6	시112·113
295	22	왕하 3	살후 3	단 7	시114·115
296	23	왕하 4	딤전 1	단 8	시116
297	24	왕하 5	딤전 2	단 9	시117·118
298	25	왕하 6	딤전 3	단10	시119:1~24
299	26	왕하 7	딤전 4	단11	시119:25~48
300	27	왕하 8	딤전 5	단12	시119:49~72
301	28	왕하 9	딤전 6	호 1	시119:73~96
302	29	왕하10	딤후 1	호 2	시119:97~120
303	30	왕하11·12	딤후 2	호3·4	시119:121~144
304	31	왕하13	딤후 3	호5·6	시119:145~176

11월

page	날짜	가정		개인	
305	11/1	왕하14	딤후4	호 7	시120~122
306	2	왕하15	딛 1	호 8	시123~125
307	3	왕하16	딛 2	호 9	시126~128
308	4	왕하17	딛 3	호10	시129~131
309	5	왕하18	몬 1	호11	시132~134
310	6	왕하19	히 1	호12	시135·136
311	7	왕하20	히 2	호13	시137·138
312	8	왕하21	히 3	호14	시139
313	9	왕하22	히 4	욜 1	시140·141
314	10	왕하23	히 5	욜 2	시142
315	11	왕하24	히 6	욜 3	시143
316	12	왕하25	히 7	암 1	시144
317	13	대상1·2	히 8	암 2	시145
318	14	대상3·4	히 9	암 3	시146·147
319	15	대상5·6	히10	암 4	시148·150
320	16	대상7·8	히11	암 5	눅1:1~38
321	17	대상9·10	히12	암 6	눅1:39~80
322	18	대상11·12	히13	암 7	눅 2
323	19	대상13·14	약 1	암 8	눅 3
324	20	대상15	약 2	암 9	눅 4
325	21	대상16	약 3	옵 1	눅 5
326	22	대상17	약 4	욘 1	눅 6
327	23	대상18	약 5	욘 2	눅 7
328	24	대상19·20	벧전1	욘 3	눅 8
329	25	대상21	벧전2	욘 4	눅 9
330	26	대상22	벧전3	미 1	눅10
331	27	대상23	벧전4	미 2	눅11
332	28	대상24·25	벧전5	미 3	눅12
333	29	대상26·27	벧후1	미 4	눅13
334	30	대상28	벧후2	미 5	눅14

12월

page	날짜	가정		개인	
335	12/1	대상29	벧후3	미 6	눅15
336	2	대하 1	요일 1	미 7	눅16
337	3	대하 2	요일 2	나 1	눅17
338	4	대하3·4	요일 3	나 2	눅18
339	5	대하5·6:1~11	요일 4	나 3	눅19
340	6	대하6:12~42	요일 5	합 1	눅20
341	7	대하 7	요이 1	합 2	눅21
342	8	대하 8	요삼 1	합 3	눅22
343	9	대하 9	유 1	습 1	눅23
344	10	대하10	계 1	습 2	눅24
345	11	대하11·12	계 2	습 3	요 1
346	12	대하13	계 3	학 1	요 2
347	13	대하14·15	계 4	학 2	요 3
348	14	대하16	계 5	슥 1	요 4
349	15	대하17	계 6	슥 2	요 5
350	16	대하18	계 7	슥 3	요 6
351	17	대하19·20	계 8	슥 4	요 7
352	18	대하21	계 9	슥 5	요 8
353	19	대하22·23	계10	슥 6	요 9
354	20	대하24	계11	슥 7	요10
355	21	대하25	계12	슥 8	요11
356	22	대하26	계13	슥 9	요12
357	23	대하27·28	계14	슥10	요13
358	24	대하29	계15	슥11	요14
359	25	대하30	계16	슥12·13:1	요15
360	26	대하31	계17	슥13:2~9	요16
361	27	대하32	계18	슥14	요17
362	28	대하33	계19	말 1	요18
363	29	대하34	계20	말 2	요19
364	30	대하35	계21	말 3	요20
365	31	대하36	계22	말 4	요21

1월

page	날짜	가정		개인	
1	1/1	창 1	마 1	스 1	행 1
2	2	창 2	마 2	스 2	행 2
3	3	창 3	마 3	스 3	행 3
4	4	창 4	마 4	스 4	행 4
5	5	창 5	마 5	스 5	행 5
6	6	창 6	마 6	스 6	행 6
7	7	창 7	마 7	스 7	행 7
8	8	창 8	마 8	스 8	행 8
9	9	창9·10	마 9	스 9	행 9
10	10	창11	마10	스10	행10
11	11	창12	마11	느 1	행11
12	12	창13	마12	느 2	행12
13	13	창14	마13	느 3	행13
14	14	창15	마14	느 4	행14
15	15	창16	마15	느 5	행15
16	16	창17	마16	느 6	행16
17	17	창18	마17	느 7	행17
18	18	창19	마18	느 8	행18
19	19	창20	마19	느 9	행19
20	20	창21	마20	느10	행20
21	21	창22	마21	느11	행21
22	22	창23	마22	느12	행22
23	23	창24	마23	느13	행23
24	24	창25	마24	에 1	행24
25	25	창26	마25	에 2	행25
26	26	창27	마26	에 3	행26
27	27	창28	마27	에 4	행27
28	28	창29	마28	에 5	행28
29	29	창30	막 1	에 6	롬 1
30	30	창31	막 2	에 7	롬 2
31	31	창32	막 3	에 8	롬 3

맥체인 QT 가이드

01 사도신경 오늘의 찬양

신앙고백으로 마음을 정돈하고, 오늘의 찬양으로 마음의 준비를 하세요.

02 핵심주제

그날의 핵심주제를 기억하며 본문으로 들어갑니다.

03 본문읽기

네 본문의 소제목을 기억하면서 본문을 정독으로 읽으세요.
- 반복되는 단어, 유사한 단어, 반대되는 단어를 기억하면서...
- 나에게 주시는 동일한 핵심단어를 4책에서 찾아 기록해 보세요.

04 말씀연결

본문의 내용을 떠올리며 단어나 문장을 연결하며 다시 한번 정독으로 읽으세요.

05 말씀암송

주어진 시간안에서 말씀을 기억하세요. (괄호 채우기를 권해 드립니다.) 1년 365요절을 암송합니다.

06 말씀묵상

하나님이 나에게 주시는 말씀을 다시 한번 묵상해 보세요.

07 말씀적용

묵상을 통해 주신 말씀에 순종하며, 오늘 내가 할수 있는 일을 구체적으로 기록해 보세요.

08 감사기도

감사가 사라지고 있는 이 시대.. 하루에 3가지(믿음, 소망, 사랑)의 감사하는 마음을 담아 기록하여 보세요. 감사는 또 다른 감사를 만들어 줍니다.

09 말씀기도

오늘 내게 주신 말씀에 순종 할 수 있도록 하나님께 기도를 드립니다.

▶나눔 (하브루타 토론식)◀

교회 소그룹에 활용시 (09)말씀기도 전에
『하브루타 토론식』으로 서로의 의견을 말하고 생각을 공유해 보세요.
맥체인QT집으로 묵상을 하시면
같은 말씀이라도 하나님의 주신 말씀이 다양한 방향과 방법으로
대화의 나눔의 장을 만들어 드릴것입니다.

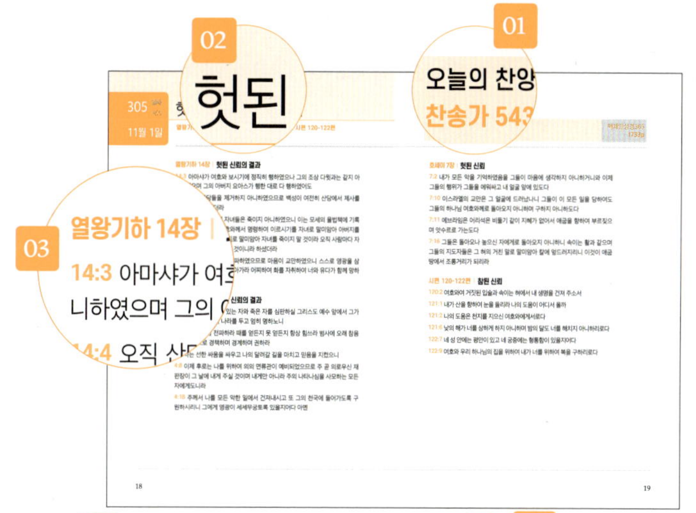

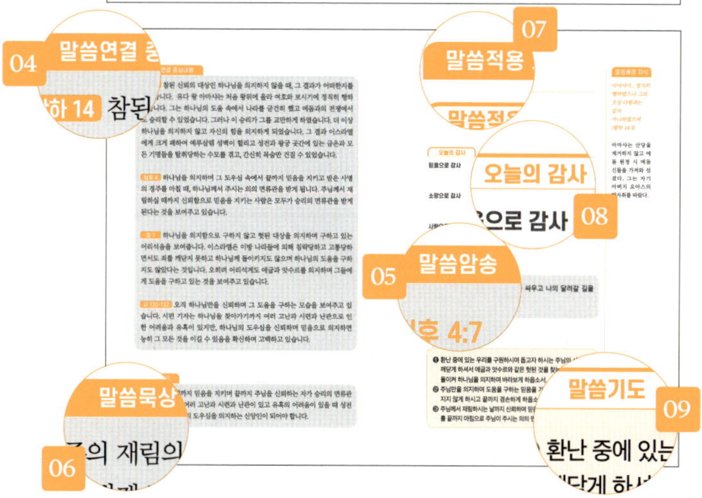

맥체인 성경읽기는

말씀에서 길을 찾고 기도로 힘을 얻는다

● 나의 맥체인 성경읽기를 공개합니다.

① 먼저 기도하고 찬양으로 마음을 준비합니다.

② 성경읽기표에 따른 네 본문에 제시된 주제를 통해 중심 단어를 생각합니다.

③ 네 성경 본문을 순서대로 천천히 읽습니다. (주요 요절이나 단어에 밑줄이나 표기를 합니다.)

④ 우선 두 성경 본문에서 주제와 일치하는 내용이나 반복되는 단어나 유사한 문맥을 찾아 서로 연결해 봅니다.

⑤ 본문에서 반대되는 내용이나 같은 뜻을 가진 단어나 문장 문맥을 찾아봅니다.

⑥ 이렇게 연결되는 본문을 나머지 다른 두 권으로 확대하여, 네 권 전체에 흐르는 하나님의 뜻을 발견하고, 그 내용을 적어봅니다. (나에게 주시는 말씀)

⑦ 네 성경 본문을 한 주제로 연결하도록(Word Link) 깊은 묵상을 합니다.

⑧ 나아가 본문에서 지도자나 인도자로부터 배운 신학 주제나 교리들이 함축하고 있는 문맥이나 내용의 짝을 찾아봅니다.

⑨ 삶에 적용할 항목들을 적어보고 실천함으로써 놀라운 변화를 경험해 봅니다. 매일 묵상할 때마다 다른 감동을 경험할 수 있습니다.

⑩ 마지막으로 하나님이 오늘 나에게 주신 말씀을 통하여 가르침, 명령과 약속과 권면, 경고 및 행해야 할 일들을 적어보고, 하나님과 대화하는 마음으로 묵상하고, 말씀기도로 성경읽기를 마무리합니다.

※ 독자들의(맥체인큐티, MQ) 다양한 원고를 기다립니다. 공동체의 성경읽기가 습관화 되어지도록 말씀묵상, 말씀적용, 감사기도의 은혜를 독자들과 나눌 수 있도록 사연을 기다립니다. 지면을 통하여 함께 은혜 나누기를 소망합니다. 채택되신 분들에게는 감사의 마음을 담아 선교횃불 도서를 선물로 보내드립니다. (이메일 : ccm2you@gmail.com)

전교인 작정새벽 말씀읽기
맥체인성경 말씀으로 돌아가기

1. 로버트 머리 맥체인(Robert Murray M'Cheyne) 목사는?

19세기 스코틀랜드 역사에서 가장 경건한 목회자로 꼽히는 로버트 머리 맥체인은 1813년 5월 21일 스코틀랜드 에든버러 더블린 가에서 5남매 중 막내로 태어났습니다. 에든버러 대학교에서 수학하여 23세에 목사 안수를 받고, 1835년부터 1838년까지 라버트 교구와 두니페이스 교구에서 존 보나(John Bonar)의 조수로 섬겼습니다. 그 뒤, 던디의 성 베드로 교회에서 하나님과 모든 영혼을 사랑하는 목사로 섬기다 1843년 3월 25일, 29세의 짧은 나이에 발진티푸스로 하늘의 부르심을 받았습니다.

맥체인은 시인이기도 했으며, 많은 저서를 남겼습니다. 그는 신앙심이 깊은 사람이었으며 기도의 사람이었습니다. 맥체인의 경건한 삶과 사역의 결과물들은 맥체인의 벗이 낸 회고록이나 후대 믿음의 후배들이 내는 전기를 통해 전해지고 있습니다. 이처럼 이 땅에서 맥체인의 삶은 짧았을지라도, 맥체인이 뜨겁게 전했던 그리스도에게로 초대하는 구원의 외침은 아직도 살아서 널리 울려 퍼지고 있습니다.

① 1836년, 스코틀랜드 성베드로교회 로버트 머레이 맥체인목사가 성경읽기표를 만듦(14세 때 애든버러대학에서 고전문학을 공부. 형의 죽음으로 신앙과 말씀에 집중. 성도를 위해 성경읽기표를 만듦)

② 80세 노인의 고백,"내 평생에 가장 행복한 나날을 보내고 있습니다"

③ 영향받은 목회자: 마틴 로이드존스(54년간 사용), 존 스토트

④ 1813년~1843년

⑤ 경건한 목회자, 성실한 목회자, 현명한 목회자

⑥ 주변에 있는 훌륭한 목회자에게 조언을 듣는 목회자

⑦ 선교사업에 지대한 관심을 갖은 목회자

⑧ 유대인 선교를 위해 바울처럼 유럽과 팔레스타인을 오랫 방문한 목회자

⑨ 서정적이고 시적인 재능

⑩ 자비롭고 쾌활한 성품

시대순이 아닌 내용을 중심으로 하는 정독성경이다.

구약 1회, 시편 2회, 신약 2회를 정독하는 성경이다.

각자 다른 성경책(장)의 배경 속에서 문학적 배경을 파악한다.

2. 맥체인 성경읽기란?

맥체인 성경읽기표는 1842년 맥체인이 자신이 목양하던 성 베드로 교회 성도들의 영적 성장을 위해 개발한 것으로, 매일 구약과 신약을 각각 2장씩 읽음으로써 1년에 구약 1회, 신약과 시편을 각 2회 정독할 수 있도록 만든 표입니다.

이와 같은 맥체인의 방법에 따라 신구약 성경 전체를 골고루 4등분해서 동시에 읽으면, 성경에 기록된 장구한 구속사를 크게 네 시대로 나누어 동시에 묵상할 수 있습니다.

각각의 시대마다 하나님께서는 하나님이 세우신 사람들과 언약을 맺으셨고, 그 언약을 완성하셨습니다. 그리고 이 시대들은 서로 씨줄과 날줄이 되어 하나님의 구속사를 완성하는 완벽한 하모니를 이루고 있습니다.

때로는 시대별로, 때로는 거시적인 안목에서 구속사 전체를 한 번에 아우르게 합니다. 그렇기에 남녀노소, 교회의 직분을 무론하고, 누구나 맥체인 성경읽기표를 따라 성경을 읽으면, 성경에 대한 명쾌한 이해와 함께 하나님께서 감춰두신 구속의 보화를 찾는 기쁨을 누릴 수 있습니다.

또한 이를 통해 성경의 맥을 보다 쉽게 잡을 수 있습니다. 이렇게 하나님의 계시

목적에 평행선을 그으며 따라가는 것은 맥체인 성경읽기표만의 독특한 방식입니다.

성경을 읽다가 중간에 빠뜨린 부분이 있더라도 포기하지 말고, 그날의 날짜에 맞추어 읽는 것이 좋습니다. 이런 습관은 해가 거듭되더라도 반복적으로 성경을 통독할 수 있게 해 주기 때문입니다.

"또 어려서부터 성경을 알았나니 성경은 능히 너로 하여금 그리스도 예수 안에 있는 믿음으로 말미암아 구원에 이르는 지혜가 있게 하느니라. 모든 성경은 하나님의 감동으로 된 것으로 교훈과 책망과 바르게 함과 의로 교육하기에 유익하니 이는 하나님의 사람으로 온전하게 하며 모든 선한 일을 행할 능력을 갖추게 하려 함이라."(딤후 3:15-17)

3. 맥체인 목사가 직접 이야기하는 맥체인 성경읽기

맥체인 목사는 1842년 12월 30일 송구영신 예배 시간에 자신의 교회 교인들에게 맥체인 성경읽기표에 대해서 다음과 같이 설명해주었습니다. 맥체인 목사가 직접 이야기하는 맥체인 성경읽기를 통해 우리는 맥체인 성경읽기에 대해 보다 많은 이해를 할 수 있을 것입니다. (이 설교가 끝난 후 그는 교인들에게 성경읽기표를 나누어 주었습니다.)

[설교 본문: 시편 119편 40절]

"내가 주의 법도들을 사모하였사오니 주의 의로 나를 살아나게 하소서"

사랑하는 성도 여러분, 새해가 다가오니 제 마음 속에 여러분의 구원과 구원받은 분들의 영적 성장에 대한 새로운 열망이 생깁니다.

"내가 예수 그리스도의 심장으로 너희 무리를 얼마나 사모하는지 하나님이 내 증인이시니라" (빌 1:8).

다가오는 새해에는 어떤 일이 일어날지 그 누가 알겠습니까? 모든 선한 사람은 분명 이 땅에 다가오는 놀라운 심판의 역사를 예견하며 영혼에 부담감을 느낍니다. 이제 이와 같은 엄숙한 질문을 던져야 할 때입니다.

“만일 네가 보행자와 함께 달려도 피곤하면 어찌 능히 말과 경주하겠느냐 네가 평안한 땅에서는 무사하려니와 요단 강 물이 넘칠 때에는 어찌하겠느냐” (렘 12:5).

자기 자신이나 피조물이 아니라 우리의 의이신 여호와를 의지하는 성도들은 굳게 설 것입니다. 우리가 악한 날에 굳게 서려면 성경 말씀과 은혜의 보좌에 더 집중해야 합니다. 그러면 우리는 다윗처럼 이렇게 말할 수 있을 것입니다.

“교만한 자들이 나를 심히 조롱하였어도 나는 주의 법을 떠나지 아니하였나이다” (시 119:51).

“고관들이 거짓으로 나를 핍박하오나 나의 마음은 주의 말씀만 경외하나이다” (시 119:161).

저는 마음속으로 오랫동안 성경읽기 계획표를 만들 생각을 해 왔습니다. 하나님이 같은 소원을 주신 이들은 다 제 생각에 동의할 것입니다. 그래서 성경 전체를 1년에 한번 통독하고, 모든 성도가 동시에 같은 푸른 초장에서 꼴을 먹을 수 있도록 계획을 짰습니다. 그런데 이 계획에는 다음과 같은 주의해야 할 점이 있습니다.

[주의할 점]

형식으로 읽지 말라

우리는 너무나 연약한 피조물이어서 어떤 의무든 규칙적으로 반복하면 타성적인 형태로 전락하기 쉽습니다. 일정한 규칙에 따라 말씀을 읽는 어떤 사람들에게는 이렇게 형식적인 신앙생활을 낳는 경향이 있습니다. 이것은 말세에 두드러진 죄가 될 것입니다. “경건의 모양은 있으나 경건의 능력은 부인하니 이같은 자들에게서 네가 돌아서라” (딤후 3:5). 이 점을 주의하십시오. 이 읽기표 때문에 여러분의 영혼이 무디어질 것 같으면 차라리 이 표를 없애 버리십시오.

분량 채우는 것으로 만족하지 말라

어떤 이들은 말씀을 읽기 위해 시간을 정하고 정해진 분량을 다 읽고 나면 자기 자신을 만족스런 눈으로 바라보는 유혹에 빠지기가 쉽습니다. 확신컨대 많은 이가 영혼에 아무런 하나님의 역사를 체험하지 못한 채 살아가고 있습니다. 용서받지 못하고, 성화되지도 않고, 멸망을 눈앞에 둔 채 말입니다. 그들은 그러면서도 개인적으로나 가족과 함께 정해진 경건 시간을 보냅니다. 이런 사람은 오른손에 거짓 것을 들고(사 44:20) 지옥으로 향하는 사람입니다.

아무렇게나 건성으로 읽지 말라

하나님의 말씀에 두려워 떠는 사람이 별로 없습니다. 말씀을 읽는 동안에도 위엄으로 가득찬 여호와의 음성을 듣는 이가 별로 없습니다. 이스라엘 백성들은 매일 먹는 만나에 대해 "백성이 하나님과 모세를 향하여 원망하되 어찌하여 우리를 애굽에서 인도해 내어 이 광야에서 죽게 하는가 이 곳에는 먹을 것도 없고 물도 없도다 우리 마음이 이 하찮은 음식을 싫어하노라 하매" (민 21:5)고 불평했습니다. 마찬가지로 어떤 이들은 많은 분량의 말씀을 읽다가 말씀 읽기에 싫증이 나서 말씀을 아무렇게나 건성으로 읽으려는 유혹에 빠지기 쉽습니다. 이런 일은 하나님의 진로를 불러일으킬 것입니다. 이 말씀이 여러분에게 해당되지 않도록 주의하십시오. "만군의 여호와가 이르노라 너희가 또 말하기를 이 일이 얼마나 번거로운고 하며 코웃음치고 훔친 물건과 저는 것, 병든 것을 가져왔느니라 너희가 이같이 봉헌물을 가져오니 내가 그것을 너희 손에서 받겠느냐 이는 여호와의 말이니라" (말 1:13).

의무감으로 억지로 읽지 말라

어떤 이들은 한동안 말씀을 잘 읽지만 나중에는 말씀 읽는 일이 감당하기 벅찬 부담감으로 느껴집니다. 그들은 하늘의 양식을 전혀 맛보지 못하고 양심에 질질 끌려 억지로 정해진 의무를 행합니다. 만일 어떤 성도든 이런 경우에 해당된다면, 차라리 이 족쇄를 던져 버리고 하나님의 아름다운 정원에서 마음껏 꿀을 먹으십시오. 제가 바라는 것은 여러분에게 덫을 놓는 것이 아니라 여러분이 기쁨을 맛보도록 돕는 것입니다.

이렇게 주의할 점이 많은데 이런 읽기표를 만든 목적이 대체 무엇일까요? 이 질문에 저는 이렇게 대답하겠습니다. 가장 좋은 일에는 언제나 위험이 따르는 법입니다. 위험한 절벽 틈에 가장 아름다운 꽃들이 피어 있는 것처럼 말입니다. 그러면 이 읽기표의 장점을 살펴보겠습니다.

첫째, 성경 전체를 1년 동안 정독할 수 있습니다.

모든 성경은 하나님의 감동으로 된 것이기 때문에 어느 한 부분이 더 중요하고 덜 중요한 곳이 없습니다. 성경 전체를 읽어나가는 것은 하나님의 구속사의 전체 의도를 알아가는 데 꼭 필요한 일입니다. 맥체인 성경 읽기를 따라가다 보면 구약은 한 번, 신약과 시편은 두 번 읽게 됩니다.

둘째, 성경의 네 가지 본문을 동시에 보는 안목을 기르게 됩니다.

맥체인 성경 읽기는 성경 전체를 4시대 구분으로 나누어 하루에 4장씩 읽어 나갑니다. 매일 구약에서 두 장, 신약에서 두 장을 읽는 것입니다. 이는 하나님의 구속의 역사를 네 시대로 나누어 동시에 묵상할 수 있는 탁월한 구조입니다.

셋째, 성경의 주인이 하나님이심을 알게 됩니다.

기존 성경 읽기는 역사 중심, 인물 중심으로 진행됩니다. 그래서 사람이 중심이 되는 성경 읽기가 될 수도 있습니다. 맥체인 성경 읽기는 신구약 4장을 읽으면서 공통적으로 흐르는 통일주제와 개별주제의 주인공이 하나님임을 알게 됩니다.

넷째, 어느 부분을 읽을지 고민하지 않습니다.

막상 성경을 펼쳐서 앞에서부터 읽어가다보면 레위기쯤 와서는 진도가 잘 나가지 않습니다. 그래서 뛰어넘고 다른 곳으로 가고자 하는 유혹을 받게 됩니다. 맥체인 성경 읽기는 좋은 성경 교사가 옆에서 자상하게 '오늘은 여기 읽어야죠'하고 들려주는 음성과 같습니다. 한 권을 다 읽고 또 다른 책으로 넘어가는 것이 아니라 지루하지 않게, 힘든 부분과 쉽게 이해되는 부분이 골고루 섞여 있는 종합 비타민 같은 책입니다.

다섯째, 교회의 전 성도가 어디를 읽는지 알 수 있습니다.

이 부분은 특별히 목회자들에게 특히 유용한 부분입니다. 교회 전 성도가 맥체인 성경 읽기로 성경을 읽어나가면 우리교회 성도들이 오늘 어디를 읽는지 분명히 알게 됩니다. 그래서 거기에 맞는 권면과 신앙의 조언을 해 줄 수 있고 전체 목회 그림을 그려나가는데 도움이 됩니다.

여섯째, SNS로 같은 본문의 은혜 나눔이 가능합니다.

교회마다 리더들을 중심으로 연결된 다양한 SNS방들이 있습니다. 기존의 은혜 나눔방들은 각자 자신이 읽은 본문으로 은혜를 나누기 때문에 성경 본문을 같이 묵상하지 않고 표면적인 은혜 나눔만 일어날 수 있습니다. 하지만 대화방으로 연결된 성도들끼리 오늘 분량의 매체인 성경 읽기 본문을 가지고 묵상과 은혜를 나누게 되니 같은 본문 말씀에 입각한 나눔이 가능합니다.

일곱째, 새벽기도때 설교를 듣고 매일 읽어 나갈 수 있습니다.

전교인 새벽 기도를 맥체인 성경 읽기로 진행한다면 매년 전 성도가 성경을 일년일독(신약, 시편 2독)하는 교회를 만들어 갈 수 있습니다. 성도들은 오늘자 맥체인 본문 설교를 듣고 그 배경지식 하에 각자 성경을 읽어나가니 더더욱 풍성한 성경 이해와 하나님 구속사의 역사를 체험할 수 있습니다.

4. 마틴로이드 존스와 존 스토트가 사랑했던 맥체인 성경읽기

맥체인 성경읽기표의 유익을 발견하고 평생 사용했던 대표적인 사람으로는 20세기의 대표적인 복음주의 설교가요 목회자인 마틴 로이드 존스 목사(1899-1981)와 존 스토트 목사(1921-2011)가 있습니다.

① 존 스토트

2011년 7월 27일 소천한 존 스토트 목사의 탁월한 균형감각은 체계적인 성경읽기에서 나왔습니다. 그는 세계교회협의회(WCC) 가맹교단인 영국성공회 소속이었지만 복음주의 노선을 평생 견지했습니다. 복음주의자이면서도 기독교의 사회적 책임을 소홀히 여기지 않았던 그는 자신의 저서 『기독교의 기본진리(Basic Christianity)』에서 "균형잡힌 신앙은 말씀과 기도의 균형에서 나온다. 이를 위해서는 성경 읽기가 필수이다"라고 밝히고 있습니다. 실제로 그는 1970년대 마틴 로이드 존스 목사로부터 맥체인 성경읽기표를 소개받고 평생 체계적인 성경 읽기를 실천했습니다.

존 스토트 목사는 평소 맥체인 성경읽기표에 대해 "성경 한편을 계속 읽어 내려갈 때 생기는 지루함을 방지해주는 좋은 성경읽기 방식이다. 성경 전체를 체계적이고 균형감 있게 알아야 하는 목회자들과 평신도 지도자들에게 강력히 추천한다"고 했습니다. 그는 또 "성경을 읽는 방법에는 여러 가지가 있지만 천천히, 묵상하고 생각하며 읽어야 한다. 구절의 뜻이 명확해질 때까지 한 구절 한 구절을 읽고 또 읽어야 한다"고 조언했습니다.

평생 맥체인 성경읽기를 사랑하고 실천했던 존 스토트 목사는 맥체인 성경읽기에 대해 다음과 같이 말했습니다.

“개인적으로 나는 전에 웨스트민스터 채플 목사였던 마틴 로이드 존스 박사께서 20년 전쯤 로버트 맥체인의 성경읽기표를 나에게 소개해 준 것에 감사하고 있습니다. 맥체인이 그것을 만들어 낸 것은 1842년 당시 자기가 섬기고 있던 스코틀랜드 던디의 성 베드로 교회 교인을 위해서였습니다. 이것에 따르면 매년 성경 전체를 구약은 한 번씩, 신약은 두 번씩 읽을 수 있습니다. 나는 로이드존스 박사가 『목사와 설교』에서 말한 다음의 내용을 전적으로 동의합니다. ‘모든 설교자는 적어도 일 년에 한 번씩은 성경 전체를 완전히 통독해야 합니다. …그것은 설교자가 성경을 읽어야 할 최소의 분량입니다.’

맥체인의 성경읽기표는 매일 네 장을 읽도록 배열되어 있습니다. 당시는 평온한 빅토리아 시대였기 때문에 그의 의도는 날마다 개인 경건 시간에 두 장(아침과 저녁) 및 가족기도회에서 두 장(역시 아침과 저녁)을 읽게 하려는 것이었습니다. 나 자신의 습관으로는 오히려 아침에 세 장 -가능하면 두 장은 읽고 세 번째 장은 연구를 하며- 넷째 장은 저녁을 위해서 남겨둡니다.

맥체인이 생각해 낸 성경읽기 방식에 있어서 특히 도움이 되는 것은 장을 할당하는 방식입니다. 그것은 1월 1일, 창세기 1-4장에서 시작하여, 1월 2일에는 창세기 5-8장, 1월 3일에는 창세기9-12장으로 계속되는 방식이 아닙니다. 그보다는 새해 첫 날의 말씀은 성경에 나오는 네 가지 위대한 시초, 즉 창세기 1장(창조의 시작), 에스라 1장(민족의 갱생), 마태복음 1장(그리스도의 탄생), 사도행전 1장(기독교회의 탄생)으로 시작됩니다. 이렇게 하나님의 계시 목적에 평행선을 그으며 따라가는 것입니다. 어느 날에는 족장, 에스더, 예수님의 사역, 바울의 여행에 대해 읽을 것이고, 다른 날에는 왕정의 성쇠를 추적하고, 예언자의 예언 메시지에 귀를 기울이며, 요한이 그리는 예수님의 모습을 보고, 요한계시록에 의해 드러나는 미래를 응시하고 있을 것입니다. 내게 있어서 기복이 심한 성경의 전체를 개관하며, 그 기저에 깔려 있고 반복되어 나타나는 주제를 파악하는 데 이보다 더 도움이 되는 것은 없었습니다.”

-(존 스토트, 『현대교회와 설교』283-284쪽)

② 마틴 로이드 존스

존 스토트 목사에게 맥체인 성경읽기를 추천했던 마틴 로이드 존스 목사도 50여 년을 맥체인 성경읽기표에 따라 성경을 읽었던 분이었습니다. 로이드 존스 목사의 딸인 엘리자베스 케서우드의 증언에 따르면, 로이드 존스 목사는 평생 동안 구약은 최소 50회, 신약은 최소 110회 이상 통독했다고 합니다. 그 힘은 바로 맥체인 성경읽기에서 비롯되었습니다.

5. 맥체인 성경 365의 특징과 장점

맥체인 성경365의 장점은 QT와 통독을 하나로 통합해준다는 것입니다.

맥체인 성경365로 성경을 읽고 묵상하면

- 매일 성경을 읽도록 해줍니다.
- 매일 체계적이고 규칙적으로 성경을 읽도록 도와줍니다.
- 매일 성경 읽기(20분)에 적당한 분량입니다.
- 매일 구약과 신약의 각 부분을 골고루 읽도록 해줍니다.
- 1년에 구약 1독, 신약과 시편 2독을 할 수 있습니다.
- QT와 성경읽기를 하나로! 이제 QT와 통독을 따로 할 필요가 없습니다.
- 구약과 신약(시편)이 짝을 이뤄 구속사를 한눈에 살펴볼 수 있습니다.
- 말씀의 다채로움을 만끽하며 더 넓고 깊은 하나님의 생각을 발견하게 됩니다.
- 하나로 관통하는 하나님의 생각을 찾아내 더 깊은 영적 성숙을 도와줍니다.

6. 맥체인 성경읽기에 실패하지 않으려면?

영혼의 양식이요 영적 성숙의 원천이 되는 성경, 누구나 많이 읽고, 깊이 묵상하기를 원합니다. 하지만 막상 성경 통독을 시작하려고 해도 쉽지 않고, 끝내기는 더욱 쉽지 않습니다. 맥체인 성경읽기를 통해 성경을 통독하고, 매일 매일의 말씀묵상에 실패하지 않으려면, 맥체인 성경읽기표를 따라 다음과 같은 방법으로 성경을 읽으십시오.

① 매일 성경을 읽겠다는 결심을 하십시오.
② 성경을 읽는 구별된 시간을 확보하십시오.
③ 성경읽기표를 따라 매일 구별된 시간에 읽으십시오.
④ 가정예배와 교회 공동체에서 함께 성경읽기표를 따라 읽어나가면 좋습니다.
⑤ 너무 완벽하게 읽으려고 하지 마시고, 먼저 성경을 읽는다는 자체에 우선하십시오.
⑥ 빠뜨린 날이 있더라도 오늘 내가 읽어야 할 날짜의 읽기에 집중하십시오.
⑦ 빠뜨린 부분이 있더라도 집착하거나 포기하지 마시고 오늘 날짜부터 다시 시작하십시오.

한국교회의 성도님들께서 맥체인 성경 읽기를 통해 구속사의 주인이신 하나님을 매일 만나는 은혜의 경험을 하여 신앙의 성숙이 일어나시기를 간절히 기도드립니다.

305 일차/365

11월 1일

헛된 신뢰 vs 참된 신뢰

열왕기하 14장 | 디모데후서 4장 | 호세아 7장 | 시편 120-122편

열왕기하 14장 | 헛된 신뢰의 결과

14:3 아마샤가 여호와 보시기에 정직히 행하였으나 그의 조상 다윗과는 같지 아니하였으며 그의 아버지 요아스가 행한 대로 다 행하였어도

14:4 오직 산당들을 제거하지 아니하였으므로 백성이 여전히 산당에서 제사를 드리며 분향하였더라

14:6 왕을 죽인 자의 자녀들은 죽이지 아니하였으니 이는 모세의 율법책에 기록된 대로 함이라 곧 여호와께서 명령하여 이르시기를 자녀로 말미암아 아버지를 죽이지 말 것이요 아버지로 말미암아 자녀를 죽이지 말 것이라 오직 사람마다 자기의 죄로 말미암아 죽을 것이니라 하셨더라

14:10 네가 에돔을 쳐서 파하였으므로 마음이 교만하였으니 스스로 영광을 삼아 왕궁에나 네 집으로 돌아가라 어찌하여 화를 자취하여 너와 유다가 함께 망하고자 하느냐 하나

디모데후서 4장 | 참된 신뢰의 결과

4:1 하나님 앞과 살아 있는 자와 죽은 자를 심판하실 그리스도 예수 앞에서 그가 나타나실 것과 그의 나라를 두고 엄히 명하노니

4:2 너는 말씀을 전파하라 때를 얻든지 못 얻든지 항상 힘쓰라 범사에 오래 참음과 가르침으로 경책하며 경계하며 권하라

4:7 나는 선한 싸움을 싸우고 나의 달려갈 길을 마치고 믿음을 지켰으니

4:8 이제 후로는 나를 위하여 의의 면류관이 예비되었으므로 주 곧 의로우신 재판장이 그 날에 내게 주실 것이며 내게만 아니라 주의 나타나심을 사모하는 모든 자에게도니라

4:18 주께서 나를 모든 악한 일에서 건져내시고 또 그의 천국에 들어가도록 구원하시리니 그에게 영광이 세세무궁토록 있을지어다 아멘

오늘의 찬양

찬송가 543장 | 어려운 일 당할 때

맥체인성경365
1733p

호세아 7장 | 헛된 신뢰

7:2 내가 모든 악을 기억하였음을 그들이 마음에 생각하지 아니하거니와 이제
그들의 행위가 그들을 에워싸고 내 얼굴 앞에 있도다

7:10 이스라엘의 교만은 그 얼굴에 드러났나니 그들이 이 모든 일을 당하여도
그들의 하나님 여호와께로 돌아오지 아니하며 구하지 아니하도다

7:11 에브라임은 어리석은 비둘기 같이 지혜가 없어서 애굽을 향하여 부르짖으
며 앗수르로 가는도다

7:16 그들은 돌아오나 높으신 자에게로 돌아오지 아니하니 속이는 활과 같으며
그들의 지도자들은 그 혀의 거친 말로 말미암아 칼에 엎드러지리니 이것이 애굽
땅에서 조롱거리가 되리라

시편 120-122편 | 참된 신뢰

120:2 여호와여 거짓된 입술과 속이는 혀에서 내 생명을 건져 주소서

121:1 내가 산을 향하여 눈을 들리라 나의 도움이 어디서 올까

121:2 나의 도움은 천지를 지으신 여호와에게서로다

121:6 낮의 해가 너를 상하게 하지 아니하며 밤의 달도 너를 해치지 아니하리로다

122:7 네 성 안에는 평안이 있고 네 궁중에는 형통함이 있을지어다

122:9 여호와 우리 하나님의 집을 위하여 내가 너를 위하여 복을 구하리로다

말씀연결 중심내용

왕하 14 참된 신뢰의 대상인 하나님을 의지하지 않을 때, 그 결과가 어떠한지를 보여줍니다. 유다 왕 아마샤는 처음 왕위에 올라 여호와 보시기에 정직히 행하였습니다. 그는 하나님의 도움 속에서 나라를 굳건히 했고 에돔과의 전쟁에서도 승리할 수 있었습니다. 그러나 이 승리가 그를 교만하게 하였습니다. 더 이상 하나님을 의지하지 않고 자신의 힘을 의지하게 되었습니다. 그 결과 이스라엘에게 크게 패하여 예루살렘 성벽이 헐리고 성전과 왕궁 곳간에 있는 금은과 모든 기명들을 탈취당하는 수모를 겪고, 간신히 목숨만 건질 수 있었습니다.

딤후 4 하나님을 의지하며 그 도우심 속에서 끝까지 믿음을 지키고 받은 사명의 경주를 마칠 때, 하나님께서 주시는 의의 면류관을 받게 됩니다. 주님께서 재림하실 때까지 신뢰함으로 믿음을 지키는 사람은 모두가 승리의 면류관을 받게 된다는 것을 보여주고 있습니다.

호 7 하나님을 의지함으로 구하지 않고 헛된 대상을 의지하며 구하고 있는 어리석음을 보여줍니다. 이스라엘은 이방 나라들에 의해 침략당하고 고통당하면서도 죄를 깨닫지 못하고 하나님께 돌이키지도 않으며 하나님의 도움을 구하지도 않았다는 것입니다. 오히려 어리석게도 애굽과 앗수르를 의지하며 그들에게 도움을 구하고 있는 것을 보여주고 있습니다.

시 120-122 오직 하나님만을 신뢰하며 그 도움을 구하는 모습을 보여주고 있습니다. 시편 기자는 하나님을 찾아가기까지 여러 고난과 시련과 난관으로 인한 어려움과 유혹이 있지만, 하나님의 도우심을 신뢰하며 믿음으로 의지하면 능히 그 모든 것을 이길 수 있음을 확신하며 고백하고 있습니다.

말씀묵상

주의 재림의 때까지 믿음을 지키며 끝까지 주님을 신뢰하는 자가 승리의 면류관을 받게 됩니다. 여러 고난과 시련과 난관이 있고 유혹의 어려움이 있을 때 성전을 찾아가 하나님의 도우심을 의지하는 신앙인이 되어야 합니다.

말씀적용 오늘의 감사

말씀적용

오늘의 감사

믿음으로 감사

소망으로 감사

사랑으로 감사

말씀암송

딤후 4:7 나는 선한 □□을 싸우고 나의 달려갈 길을 마치고 □□을 지켰으니

말씀기도

❶ 환난 중에 있는 우리를 구원하시며 돕고자 하시는 주님의 사랑을 깨닫게 하셔서 애굽과 앗수르와 같은 헛된 것을 찾는 길에서 속히 돌이켜 하나님을 의지하며 바라보게 하옵소서.

❷ 주님만을 의지하며 도움을 구하는 믿음을 가지고 교만함에 넘어지지 않게 하시고 끝까지 겸손하게 하옵소서.

❸ 주님께서 재림하시는 날까지 신뢰하며 믿음과 부르신 사명의 경주를 끝까지 마침으로 주님이 주시는 의의 면류관을 받게 하옵소서.

말씀배경 지식

아마샤가... 정직히 행하였으나 그의 조상 다윗과는 같지 아니하였으며 (왕하 14:3)

아마샤는 산당을 제거하지 않고 에돔 원정 시 에돔 신들을 가져와 섬겼다. 그는 자기 아버지 요아스의 발자취를 따랐다.

306 일차/365

11월 2일

하나님께서 우리 편이 되심

열왕기하 15장 | 디도서 1장 | 호세아 8장 | 시편 123-125편

열왕기하 15장 | 죄에서 떠나야 함

15:3 아사랴가 그의 아버지 아마샤의 모든 행위대로 여호와 보시기에 정직히 행하였으나

15:9 그의 조상들의 행위대로 여호와 보시기에 악을 행하여 이스라엘로 범죄하게 한 느밧의 아들 여로보암의 죄에서 떠나지 아니한지라

15:18 여호와 보시기에 악을 행하여 이스라엘로 범죄하게 한 느밧의 아들 여로보암의 죄에서 평생 떠나지 아니하였더라

15:24 여호와께서 보시기에 악을 행하여 이스라엘로 범죄하게 한 느밧의 아들 여로보암의 죄에서 떠나지 아니한지라

15:34 요담이 그의 아버지 웃시야의 모든 행위대로 여호와께서 보시기에 정직히 행하였으나

디도서 1장 | 거짓을 따르지 않아야 함

1:8 오직 나그네를 대접하며 선행을 좋아하며 신중하며 의로우며 거룩하며 절제하며

1:9 미쁜 말씀의 가르침을 그대로 지켜야 하리니 이는 능히 바른 교훈으로 권면하고 거슬러 말하는 자들을 책망하게 하려 함이라

1:14 유대인의 허탄한 이야기와 진리를 배반하는 사람들의 명령을 따르지 않게 하려 함이라

1:15 깨끗한 자들에게는 모든 것이 깨끗하나 더럽고 믿지 아니하는 자들에게는 아무 것도 깨끗한 것이 없고 오직 그들의 마음과 양심이 더러운지라

1:16 그들이 하나님을 시인하나 행위로는 부인하니 가증한 자요 복종하지 아니하는 자요 모든 선한 일을 버리는 자니라

호세아 8장 | 심판하시는 하나님

8:9 그들이 홀로 떨어진 들나귀처럼 앗수르로 갔고 에브라임이 값 주고 사랑하
는 자들을 얻었도다

8:10 그들이 여러 나라에게 값을 주었을지라도 이제 내가 그들을 모으리니 그들
은 지도자의 임금이 지워 준 짐으로 말미암아 쇠하기 시작하리라

8:12 내가 그를 위하여 내 율법을 만 가지로 기록하였으나 그들은 이상한 것으
로 여기도다

8:14 이스라엘은 자기를 지으신 이를 잊어버리고 왕궁들을 세웠으며 유다는 견
고한 성읍을 많이 쌓았으나 내가 그 성읍들에 불을 보내어 그 성들을 삼키게 하
리라

시편 123-125편 | 우리 편 되시는 하나님

123:2 상전의 손을 바라보는 종들의 눈 같이, 여주인의 손을 바라보는 여종의 눈
같이 우리의 눈이 여호와 우리 하나님을 바라보며 우리에게 은혜 베풀어 주시기를
기다리나이다

123:3 여호와여 우리에게 은혜를 베푸시고 또 은혜를 베푸소서 심한 멸시가 우리
에게 넘치나이다

124:1 이스라엘은 이제 말하기를 여호와께서 우리 편에 계시지 아니하셨더라면
우리가 어떻게 하였으랴

124:8 우리의 도움은 천지를 지으신 여호와의 이름에 있도다

125:1 여호와를 의지하는 자는 시온 산이 흔들리지 아니하고 영원히 있음 같도다

125:5 자기의 굽은 길로 치우치는 자들은 여호와께서 죄를 범하는 자들과 함께 다
니게 하시리로다 이스라엘에게는 평강이 있을지어다

말씀연결 중심내용

왕하 15 이스라엘 왕들에 대한 반복된 평가입니다. 스가랴, 므나헴, 브가히야, 베가 등이 이스라엘의 왕위에 올랐지만, 모두가 하나 같이 여호와 보시기에 악을 행하며, 그 죄에서 떠나지 않았다는 것입니다. 결국 이처럼 죄에서 떠나지 않은 결과 하나님의 심판으로 이스라엘은 멸망에 이르게 됩니다.

딛 1 유대인의 허탄한 이야기와 진리를 배반하는 사람들의 유혹에 넘어가지 말고 굳건히 믿음에 서야 함을 말씀하고 있는데, 바울은 디도에게 엄한 교훈으로 책망하여 그들로 거짓된 진리를 따르지 않게 하라고 강조하고 있습니다.

호 8 이스라엘이 앗수르에 도움을 구하고 여러 나라에게 값을 주고 도움을 구하지만 이미 선을 버리고 하나님을 떠난 백성들은 하나님의 심판을 피할 수 없다는 것을 보여줍니다. 하나님이 그들을 모아 심판하신다는 것입니다.

시 123-125 하나님이 우리 편이 되시기에 우리를 도와 적들의 공격과 위협에서 건지시고 승리를 주셨다는 것을 보여줍니다. 하나님이 우리 편이 되어 돕지 않으셨으면 이미 우리는 적들의 공격에 살아남지 못했을 것입니다.

말씀묵상

죄에서 떠나 하나님 보시기에 정직한 삶을 살아가야 합니다. 이것이 하나님 편에 서는 길이며, 도움 되신 하나님의 은혜를 얻는 길입니다. 헛된 진리에 넘어가지 않고 참된 진리에 서는 것이 하나님 편에 서는 것이며, 하나님의 구원과 도움의 은혜를 누리는 길입니다. 도움 되신 하나님을 거부하고 세상의 나라들에 도움을 구해 봐야 아무 도움이 되지 못합니다. 오직 도움은 하나님께 있고 따라서 죄에서 돌이켜 하나님께 나아가 하나님의 은혜를 구해야 합니다.

말씀적용 오늘의 감사

말씀적용

오늘의 감사

믿음으로 감사

소망으로 감사

사랑으로 감사

말씀암송

시 124:8 우리의 도움은 □□를 지으신 □□□의 이름에 있도다

말씀기도

❶ 항상 하나님 편에 있음으로 대적들의 공격에서 도우시고 건지시는 하나님의 은혜를 누리게 하소서.
❷ 하나님께서 보고 계심을 기억하며, 하나님이 미워하시는 죄에서 떠나 기뻐하시는 정직한 일에 힘쓰게 하소서.
❸ 참 진리를 분별할 수 있는 지혜를 주시고, 굳건한 믿음을 주셔서 진리를 배반하는 사람들의 헛된 이야기에 흔들리지 않게 하소서.

말씀배경 지식

들나귀 (호 8:9)

포로로 잡혀간 이스라엘은 이리저리 방황하는 들나귀로 비유되고 있다. 나귀들은 보통 함께 움직인다. 그러나 고집이 센 외톨이 나귀는 고집스럽게 자기 가고 싶은 길로만 간다.

307 일차 / 365

11월 3일

구원의 기쁨

열왕기하 16장 | 디도서 2장 | 호세아 9장 | 시편 126-128편

열왕기하 16장 | 헛된 구원

16:4 또 산당들과 작은 산 위와 모든 푸른 나무 아래에서 제사를 드리며 분향하였더라

16:7 아하스가 앗수르 왕 디글랏 빌레셀에게 사자를 보내 이르되 나는 왕의 신복이요 왕의 아들이라 이제 아람 왕과 이스라엘 왕이 나를 치니 청하건대 올라와 그 손에서 나를 구원하소서 하고

16:10 아하스 왕이 앗수르의 왕 디글랏 빌레셀을 만나러 다메섹에 갔다가 거기 있는 제단을 보고 아하스 왕이 그 제단의 모든 구조와 제도의 양식을 그려 제사장 우리야에게 보냈더니

16:11 아하스 왕이 다메섹에서 돌아오기 전에 제사장 우리야가 아하스 왕이 다메섹에서 보낸 대로 모두 행하여 제사장 우리야가 제단을 만든지라

16:18 또 안식일에 쓰기 위하여 성전에 건축한 낭실과 왕이 밖에서 들어가는 낭실을 앗수르 왕을 두려워하여 여호와의 성전에 옮겨 세웠더라

디도서 2장 | 참된 구원

2:1 오직 너는 바른 교훈에 합당한 것을 말하여

2:11 모든 사람에게 구원을 주시는 하나님의 은혜가 나타나

2:12 우리를 양육하시되 경건하지 않은 것과 이 세상 정욕을 다 버리고 신중함과 의로움과 경건함으로 이 세상에 살고

2:14 그가 우리를 대신하여 자신을 주심은 모든 불법에서 우리를 속량하시고 우리를 깨끗하게 하사 선한 일을 열심히 하는 자기 백성이 되게 하려 하심이라

2:15 너는 이것을 말하고 권면하며 모든 권위로 책망하여 누구에게서든지 업신여김을 받지 말라

오늘의 찬양
찬송가 450장 | 내 평생 소원 이것뿐

맥체인성경365
1741p

호세아 9장 | 헛된 기쁨

9:1 이스라엘아 너는 이방 사람처럼 기뻐 뛰놀지 말라 네가 음행하여 네 하나님
을 떠나고 각 타작 마당에서 음행의 값을 좋아하였느니라

9:4 그들은 여호와께 포도주를 부어 드리지 못하며 여호와께서 기뻐하시는 바도
되지 못할 것이라 그들의 제물은 애곡하는 자의 떡과 같아서 그것을 먹는 자는
더러워지나니 그들의 떡은 자기의 먹기에만 소용될 뿐이라 여호와의 집에 드릴
것이 아님이니라

9:7 형벌의 날이 이르렀고 보응의 날이 온 것을 이스라엘이 알지라 선지자가 어
리석었고 신에 감동하는 자가 미쳤나니 이는 네 죄악이 많고 네 원한이 큼이니라

9:8 에브라임은 나의 하나님과 함께 한 파수꾼이며 선지자는 모든 길에 친 새 잡
는 자의 그물과 같고 그의 하나님의 전에는 원한이 있도다

시편 126-128편 | 참된 기쁨

126:3 여호와께서 우리를 위하여 큰 일을 행하셨으니 우리는 기쁘도다

126:5 눈물을 흘리며 씨를 뿌리는 자는 기쁨으로 거두리로다

126:6 울며 씨를 뿌리러 나가는 자는 반드시 기쁨으로 그 곡식 단을 가지고 돌아오
리로다

127:1 여호와께서 집을 세우지 아니하시면 세우는 자의 수고가 헛되며 여호와께
서 성을 지키지 아니하시면 파수꾼의 깨어 있음이 헛되도다

128:1 여호와를 경외하며 그의 길을 걷는 자마다 복이 있도다

128:3 네 집 안방에 있는 네 아내는 결실한 포도나무 같으며 네 식탁에 둘러 앉은
자식들은 어린 감람나무 같으리로다

128:4 여호와를 경외하는 자는 이같이 복을 얻으리로다

말씀연결 중심내용

왕하 16 요담의 아들 아하스가 유다의 왕이 됩니다. 이 때에 아람의 왕 르신과 이스라엘의 왕 베가가 연합하여 공격해 오자 아하스는 앗수르 왕 디글랏 빌레셀에게 구원을 요청했습니다. 앗수르 왕은 아람의 다메섹을 공격하여 구해줍니다. 아하스는 여호와의 성전에 있는 은금을 앗수르 왕에게 예물로 보내고 앗수르의 우상을 섬기는 것을 보여줍니다.

딛 2 예수 그리스도께서 우리를 대신하여 십자가에 자신을 내어 주시고 깨끗하게 하여 구원하신 것이 참된 구원입니다. 이는 우리가 교훈에 합당한 말을 하며 선한 일을 열심히 하며 가르치는 자가 되어야 함을 보여줍니다.

호 9 이스라엘이 타작마당에서 거둬들인 곡식을 바라보며 뛰놀며 기뻐할지라도 그 기쁨은 헛되고 무의미함을 말씀하고 있습니다. 뛰놀며 기뻐하는 것이 우상에게 제사하며 기뻐하는 것이기 때문입니다. 당장은 풍성한 소출을 얻어 기쁨으로 춤 춘다고 할지라도 하나님의 심판을 피할 수 없고, 하나님의 심판으로 모두 사라지게 된다는 것을 보여줍니다.

시 126-128 당장은 고난과 아픔을 겪고 인내해야 하지만 하나님의 구원을 믿고 절대적으로 하나님을 의지하며 믿음을 포기하지 않는 사람에게는 결국 하나님의 참된 구원으로 인한 참된 기쁨이 주어진다는 것입니다.

말씀묵상

신앙인은 세상의 힘을 찾아 도움을 구할 것이 아니라 하나님께 엎드려 하나님의 구원을 구해야 합니다. 우리의 참된 구원은 오직 하나님의 은혜로 가능하며, 예수 그리스도의 십자가의 대속을 통해 가능합니다. 하나님 밖에서의 풍성함은 영원하지 못하다는 것을 알아야 합니다. 하나님의 구원을 신뢰하는 자에게는 반드시 기쁨으로 곡식을 거두는 축복이 있습니다.

말씀적용 오늘의 감사

말씀적용

오늘의 감사

믿음으로 감사

소망으로 감사

사랑으로 감사

말씀암송

시 126:5 ☐☐을 흘리며 ☐를 뿌리는 자는 ☐☐으로 거두리로다

말씀기도

❶ 오직 예수 그리스도의 십자가만이 참된 구원의 길임을 깨닫게 하시고 헛된 도움과 구원에서 돌이켜 주만 바라보게 하소서.
❷ 하나님 밖에서 누리는 소산의 헛됨을 깨닫고, 주 안에서 누리는 소산의 기쁨과 행복을 구하게 하소서.
❸ 당장은 눈물을 흘려야 해도 주의 구원을 믿고 그 믿음의 길을 포기하지 않아 결국에는 기쁨으로 거두는 축복을 누리게 하소서.

말씀배경 지식

여호와를 경외하며… 자마다 복이 있도다 (시 128:1)

여호와를 경외하고 그 도에 행하는 것을 배운 자의 운명은 복이라고 말한다. 그런 자가 복된 이유는 그의 손이 수고한 대로 먹을 것이기 때문이다. 그의 아내는 결실한 포도나무에 비유되었다. 반면 그의 자녀들은 어린 감람나무에 비유되었다. 이 민족과 기쁨, 번영, 결실 등의 표상은 하나님을 경외하는 자가 어떻게 완전한 복을 찾는지를 알려준다.

308 일차 / 365

11월 4일

오직 긍휼을 구하며 기다림

열왕기하 17장 | 디도서 3장 | 호세아 10장 | 시편 129-131편

열왕기하 17장 | 돌이키지 않은 결과

17:7 이 일은 이스라엘 자손이 자기를 애굽 땅에서 인도하여 내사 애굽의 왕 바로의 손에서 벗어나게 하신 그 하나님 여호와께 죄를 범하고 또 다른 신들을 경외하며

17:9 이스라엘의 자손이 점차로 불의를 행하여 그 하나님 여호와를 배역하여 모든 성읍에 망대로부터 견고한 성에 이르도록 산당을 세우고

17:10 모든 산 위에와 모든 푸른 나무 아래에 목상과 아세라 상을 세우고

17:11 또 여호와께서 그들 앞에서 물리치신 이방 사람 같이 그 곳 모든 산당에서 분향하며 또 악을 행하여 여호와를 격노하게 하였으며

17:13 여호와께서 각 선지자와 각 선견자를 통하여 이스라엘과 유다에게 지정하여 이르시기를 너희는 돌이켜 너희 악한 길에서 떠나 나의 명령과 율례를 지키되 내가 너희 조상들에게 명령하고 또 내 종 선지자들을 통하여 너희에게 전한 모든 율법대로 행하라 하셨으나

17:33 이와 같이 그들이 여호와도 경외하고 또한 어디서부터 옮겨왔든지 그 민족의 풍속대로 자기의 신들도 섬겼더라

디도서 3장 | 오직 긍휼밖에 없음

3:3 우리도 전에는 어리석은 자요 순종하지 아니한 자요 속은 자요 여러 가지 정욕과 행락에 종 노릇 한 자요 악독과 투기를 일삼은 자요 가증스러운 자요 피차 미워한 자였으나

3:4 우리 구주 하나님의 자비와 사람 사랑하심이 나타날 때에

3:5 우리를 구원하시되 우리가 행한 바 의로운 행위로 말미암지 아니하고 오직 그의 긍휼하심을 따라 중생의 씻음과 성령의 새롭게 하심으로 하셨나니

3:14 또 우리 사람들도 열매 없는 자가 되지 않게 하기 위하여 필요한 것을 준비하는 좋은 일에 힘 쓰기를 배우게 하라

오늘의 찬양
찬송가 523장 | 어둔 죄악 길에서

맥체인성경365
1745p

호세아 10장 | 죄악의 결과

10:2 그들이 두 마음을 품었으니 이제 벌을 받을 것이라 하나님이 그 제단을 쳐
서 깨뜨리시며 그 주상을 허시리라

10:8 이스라엘의 죄 곧 아웬의 산당은 파괴되어 가시와 찔레가 그 제단 위에 날
것이니 그 때에 그들이 산더러 우리를 가리라 할 것이요 작은 산더러 우리 위에
무너지라 하리라

10:12 너희가 자기를 위하여 공의를 심고 인애를 거두라 너희 묵은 땅을 기경하
라 지금이 곧 여호와를 찾을 때니 마침내 여호와께서 오사 공의를 비처럼 너희에
게 내리시리라

10:14 그러므로 너희 백성 중에 요란함이 일어나며 네 산성들이 다 무너지되 살
만이 전쟁의 날에 벧아벨을 무너뜨린 것 같이 될 것이라 그 때에 어머니와 자식
이 함께 부서졌도다

시편 129-131편 | 여호와를 기다려야 함

129:4 여호와께서는 의로우사 악인들의 줄을 끊으셨도다

130:2 주여 내 소리를 들으시며 나의 부르짖는 소리에 귀를 기울이소서

130:5 나 곧 내 영혼은 여호와를 기다리며 나는 주의 말씀을 바라는도다

130:6 파수꾼이 아침을 기다림보다 내 영혼이 주를 더 기다리나니 참으로 파수꾼
이 아침을 기다림보다 더하도다

131:3 이스라엘아 지금부터 영원까지 여호와를 바랄지어다

말씀연결 중심내용

왕하 17 하나님께서는 끊임없이 그 백성들에게 죄악에서 돌이키고 악한 길에서 떠나 하나님의 말씀을 지키며 하나님께로 돌아올 것을 말씀하셨으나 백성들은 끝까지 돌이키지 않았고 그 결과 하나님의 엄중한 심판으로 멸망 당하고 말았다는 것을 보여줍니다.

딛 3 구원은 우리의 의로운 행위가 아니라 오직 하나님의 긍휼을 통한 죄의 용서와 새롭게 하심에 있음을 말씀하고 있습니다.

호 10 우상을 섬기며 죄악을 일삼은 결과 하나님의 심판에 이르게 된다는 것입니다. 그 심판의 고통이 얼마나 큰지 차라리 죽는 것이 낫다고 여겨 산이 무너져 죽기를 바라며 부르짖고 있습니다. 자신들을 지켜주며 복을 줄 것이라 믿고 섬겼던 우상은 아무 힘도 발휘하지 못하고 앗수르 왕에게 바쳐지게 될 것이고, 그 우상에게 제사했던 산당과 제단은 파괴되어 사라지게 된다는 것을 보여줍니다.

시 129-131 하나님의 놀라운 사랑은 반드시 회개하는 우리를 용서하시며 구원하심을 믿고 기다려야 한다는 것입니다. 간절하게 애타는 마음으로 하나님을 기다려야 하고, 돌아서거나 포기하지 않으면 하나님께서 속량하시는 은혜를 누리게 됨을 보여줍니다.

말씀묵상

늦기 전에 돌이켜야 하고 무엇보다 하나님의 긍휼과 은혜를 구해야 합니다. 하나님의 심판을 피하고 구원의 자리에 서기 위해 오직 하나님의 긍휼과 그 은혜를 구해야 합니다. 또한 믿음으로 기다려야 합니다.

말씀적용 오늘의 감사

말씀적용

오늘의 감사

믿음으로 감사

소망으로 감사

사랑으로 감사

말씀암송

딛 3:5 우리를 ☐☐하시되 우리가 행한 바 의로운 ☐
☐로 말미암지 아니하고 오직 그의 긍휼하심을 따라 중생
의 씻음과 ☐☐의 새롭게 하심으로 하셨나니

말씀기도

❶ 돌이키라는 하나님의 경고의 말씀을 놓치지 않게 하시고, 헛된 구원의 대상에서 늦지 않게 돌이켜 하나님만 바라보게 하소서.
❷ 오직 하나님의 긍휼만이 우리를 구원으로 인도함을 깨닫고 오직 긍휼을 구하여 그 은혜를 누리게 하소서.
❸ 하나님의 구원을 믿고 포기하지 않으며 그 은혜를 기다리게 하셔서 결국에는 그 놀라운 은혜를 누리게 하소서.

말씀배경 지식

여호와도 경외하고 (왕하 17:33)

이는 불순한 경외였다. 그들은 자기의 신들도 섬겼다. 그 결과는 이교와 여호와 숭배의 혼합으로 진짜 이교보다 더 부패한 것이었다.

309 일차 365

11월 5일

포기하지 않는 하나님의 사랑

열왕기하 18장 | 빌레몬서 1장 | 호세아 11장 | 시편 132-134편

열왕기하 18장 | 포기하지 말고 주의 말씀을 붙들어야 함

18:3 히스기야가 그의 조상 다윗의 모든 행위와 같이 여호와께서 보시기에 정직하게 행하여

18:5 히스기야가 이스라엘 하나님 여호와를 의지하였는데 그의 전후 유다 여러 왕 중에 그러한 자가 없었으니

18:6 곧 그가 여호와께 연합하여 그에게서 떠나지 아니하고 여호와께서 모세에게 명령하신 계명을 지켰더라

18:7 여호와께서 그와 함께 하시매 그가 어디로 가든지 형통하였더라 저가 앗수르 왕을 배반하고 섬기지 아니하였고

18:30 또한 히스기야가 너희에게 여호와를 의뢰하라 함을 듣지 말라 그가 이르기를 여호와께서 반드시 우리를 건지실지라 이 성읍이 앗수르 왕의 손에 함락되지 아니하게 하시리라 할지라도

18:31 너희는 히스기야의 말을 듣지 말라 앗수르 왕의 말씀이 너희는 내게 항복하고 내게로 나아오라 그리하고 너희는 각각 그의 포도와 무화과를 먹고 또한 각각 자기의 우물의 물을 마시라

빌레몬서 1장 | 형제 사랑을 실천해야 함

1:7 형제여 성도들의 마음이 너로 말미암아 평안함을 얻었으니 내가 너의 사랑으로 많은 기쁨과 위로를 받았노라

1:9 도리어 사랑으로써 간구하노라 나이가 많은 나 바울은 지금 또 예수 그리스도를 위하여 갇힌 자 되어

1:10 갇힌 중에서 낳은 아들 오네시모를 위하여 네게 간구하노라

1:11 그가 전에는 네게 무익하였으나 이제는 나와 네게 유익하므로

1:16 이 후로는 종과 같이 대하지 아니하고 종 이상으로 곧 사랑 받는 형제로 둘 자라 내게 특별히 그러하거든 하물며 육신과 주 안에서 상관된 네게랴

1:20 오 형제여 나로 주 안에서 너로 말미암아 기쁨을 얻게 하고 내 마음이 그리스도 안에서 평안하게 하라

오늘의 찬양
찬송가 357장 | 주 믿는 사람 일어나

맥체인성경365
1750p

호세아 11장 | 포기하지 않는 하나님의 사랑

11:3 그러나 내가 에브라임에게 걸음을 가르치고 내 팔로 안았음에도 내가 그들을 고치는 줄을 그들은 알지 못하였도다

11:4 내가 사람의 줄 곧 사랑의 줄로 그들을 이끌었고 그들에게 대하여 그 목에서 멍에를 벗기는 자 같이 되었으며 그들 앞에 먹을 것을 두었노라

11:8 에브라임이여 내가 어찌 너를 놓겠느냐 이스라엘이여 내가 어찌 너를 버리겠느냐 내가 어찌 너를 아드마 같이 놓겠느냐 어찌 너를 스보임 같이 두겠느냐 내 마음이 내 속에서 돌이키어 나의 긍휼이 온전히 불붙듯 하도다

11:9 내가 나의 맹렬한 진노를 나타내지 아니하며 내가 다시는 에브라임을 멸하지 아니하리니 이는 내가 하나님이요 사람이 아님이라 네 가운데 있는 거룩한 이니 진노함으로 네게 임하지 아니하리라

시편 132-134편 | 포기하지 말고 하나님을 찾아야 함

132:3 내가 내 장막 집에 들어가지 아니하며 내 침상에 오르지 아니하고

132:4 내 눈으로 잠들게 하지 아니하며 내 눈꺼풀로 졸게 하지 아니하기를

132:5 여호와의 처소 곧 야곱의 전능자의 성막을 발견하기까지 하리라 하였나이다

133:1 보라 형제가 연합하여 동거함이 어찌 그리 선하고 아름다운고

134:1 보라 밤에 여호와의 성전에 서 있는 여호와의 모든 종들아 여호와를 송축하라

134:3 천지를 지으신 여호와께서 시온에서 네게 복을 주실지어다

말씀연결 중심내용

왕하 18 예루살렘을 포위한 앗수르가 그 백성들을 위협합니다. 이미 주변의 모든 나라들이 앗수르의 대군을 막아내지 못하고 멸망했습니다. 하나님이 구원할 것이라고 하는 말을 믿지 말고 자신들에게 항복하면 좋은 곳으로 이주하여 살게 해주겠다고 말합니다.

몬 1 바울은 빌레몬에게 오네시모를 향한 사랑을 부탁했습니다. 오네시모는 빌레몬에게 큰 손해를 끼치고 도망친 노예로 보이는데, 이후 바울을 만나 변화되고 바울을 신실하게 섬겨 바울에게 고맙고 꼭 필요한 사람이 되었습니다. 따라서 바울은 오네시모를 빌레몬에게 보내며 그를 용서하고 이제는 종이 아니라 형제로 대함으로 하나님으로부터 받은 사랑을 그에게 실천하라고 말합니다.

호 11 하나님은 그 백성들의 죄와 우상숭배로 인한 심판을 말씀하시며 끝까지 돌이키지 않는 백성들에 대해 답답함을 표현하시며 하나님의 진노를 말씀하셨습니다. 그러나 하나님은 심판을 말씀하시는 그 가운데서도 포기할 수 없는 사랑을 말씀하셨습니다. 그 백성들이 죄에서 돌이키지 않아 심판하셔야 하지만, 그 백성들을 놓을 수 없고 버릴 수 없다는 것을 보여줍니다.

시 132-134 잃어버린 언약궤를 찾고자 하는 다윗의 간절한 마음을 고백하고 있는 말씀입니다. 언약궤는 하나님의 임재와 함께하심을 표현하는 성물로서 언약궤를 애타게 찾고자 했던 다윗에게서 하나님을 향한 애타는 마음을 볼 수 있습니다.

말씀묵상

어떠한 위협 속에서도 하나님의 말씀을 믿어야 합니다. 포기하지 않는 하나님의 사랑을 기억하며 하나님의 말씀을 붙들어야 합니다. 우리도 다윗과 같은 마음으로 하나님을 찾고 만나며 예배하는 일에 힘써야 합니다. 내 육신이 편히 쉬고 자는 것보다 사랑으로 하나님을 찾고 예배하는 것을 더 소중히 여겨야 합니다. 형제 사랑에 힘을 다해야 합니다. 포기하지 않는 하나님의 큰 사랑을 형제를 향한 사랑으로 갚아야 합니다.

말씀적용 오늘의 감사

말씀적용

오늘의 감사

믿음으로 감사

소망으로 감사

사랑으로 감사

말씀암송

몬 1:16 이 후로는 [ ]과 같이 대하지 아니하고 [ ] 이상으로 곧 사랑 받는 형제로 둘 자라 내게 특별히 그러하거든 하물며 [ ][ ]과 주 안에서 상관된 네게랴

말씀기도

❶ 포기하지 않는 하나님의 큰 사랑을 기억하며 그 사랑에 응답하는 삶, 무엇보다 힘써 하나님을 찾고 예배하는 삶을 살게 하소서.
❷ 믿을 수 없는 상황에서도 끝까지 포기하지 않고 하나님의 말씀을 믿고 붙들어 결국에는 생명을 누리게 하소서.
❸ 하나님을 통해 받은 큰 사랑을 기억하며 이웃 사랑을 실천하는 삶을 살게 하소서.

말씀배경 지식

오네시모
(몬 1:10)

바울이 빌레몬의 노에 오네시모(Onesimus)를 위해 편지를 쓴 것이 빌레몬서이다.. 오네시모는 그의 주인에게서 도망한 후, 바울의 사역에 의해 개종했던 자였다.

310 일차 365

11월 6일

참 소망을 의지함

열왕기하 19장 | 히브리서 1장 | 호세아 12장 | 시편 135-136편

열왕기하 19장 | 헛되지 않은 의지

19:10 너희는 유다의 왕 히스기야에게 이같이 말하여 이르기를 네가 믿는 네 하
나님이 예루살렘을 앗수르 왕의 손에 넘기지 아니하겠다 하는 말에 속지 말라

19:11 앗수르의 여러 왕이 여러 나라에 행한 바 진멸한 일을 네가 들었나니 네가
어찌 구원을 얻겠느냐

19:12 내 조상들이 멸하신 여러 민족 곧 고산과 하란과 레셉과 들라살에 있는 에
덴 족속을 그 나라들의 신들이 건졌느냐

19:13 하맛 왕과 아르밧 왕과 스발와임 성의 왕과 헤나와 아와의 왕들이 다 어디
있느냐 하라 하니라

19:18 또 그들의 신들을 불에 던졌사오니 이는 그들이 신이 아니요 사람의 손으
로 만든 것 곧 나무와 돌 뿐이므로 멸하였나이다

19:19 우리 하나님 여호와여 원하건대 이제 우리를 그의 손에서 구원하옵소서
그리하시면 천하 만국이 주 여호와가 홀로 하나님이신 줄 알리이다 하니라

히브리서 1장 | 헛되지 않은 소망

1:1 옛적에 선지자들을 통하여 여러 부분과 여러 모양으로 우리 조상들에게 말
씀하신 하나님이

1:2 이 모든 날 마지막에는 아들을 통하여 우리에게 말씀하셨으니 이 아들을 만
유의 상속자로 세우시고 또 그로 말미암아 모든 세계를 지으셨느니라

1:3 이는 하나님의 영광의 광채시요 그 본체의 형상이시라 그의 능력의 말씀으
로 만물을 붙드시며 죄를 정결하게 하는 일을 하시고 높은 곳에 계신 지극히 크
신 이의 우편에 앉으셨느니라

1:8 아들에 관하여는 하나님이여 주의 보좌는 영영하며 주의 나라의 규는 공평
한 규이니이다

오늘의 찬양
찬송가 488장 | 이 몸의 소망 무언가

맥체인성경365
1755p

호세아 12장 | 헛된 소망

12:1 에브라임은 바람을 먹으며 동풍을 따라가서 종일토록 거짓과 포학을 더하
여 앗수르와 계약을 맺고 기름을 애굽에 보내도다

12:5 여호와는 만군의 하나님이시라 여호와는 그를 기억하게 하는 이름이니라

12:6 그런즉 너의 하나님께로 돌아와서 인애와 정의를 지키며 항상 너의 하나님
을 바랄지니라

12:10 내가 여러 선지자에게 말하였고 이상을 많이 보였으며 선지자들을 통하
여 비유를 베풀었노라

12:11 길르앗은 불의한 것이냐 과연 그러하다 그들은 거짓되도다 길갈에서는
무리가 수송아지로 제사를 드리며 그 제단은 밭이랑에 쌓인 돌무더기 같도다

시편 135-136편 | 헛된 의지

135:2 여호와의 집 우리 여호와의 성전 곧 우리 하나님의 성전 뜰에 서 있는 너희
여

135:3 여호와를 찬송하라 여호와는 선하시며 그의 이름이 아름다우니 그의 이름
을 찬양하라

135:4 여호와께서 자기를 위하여 야곱 곧 이스라엘을 자기의 특별한 소유로 택하
셨음이로다

135:18 그것을 만든 자와 그것을 의지하는 자가 다 그것과 같으리로다

136:4 홀로 큰 기이한 일들을 행하시는 이에게 감사하라 그 인자하심이 영원함이
로다

136:23 우리를 비천한 가운데에서도 기억해 주신 이에게 감사하라 그 인자하심이
영원함이로다

말씀연결 중심내용

왕하 19 하나님을 조롱하며 항복을 종용하는 앗수르 왕이 보낸 편지를 받아든 히스기야 왕이 성전을 찾아 하나님 앞에 드리는 기도를 통해 하나님은 사람의 손으로 만든 우상과는 다름을 고백하며 천하만국의 유일한 하나님으로 우리를 구원하실 것을 확신하며 하나님을 절대적으로 의지하는 것을 보여줍니다.

히 1 하나님의 아들 예수 그리스도에 대한 말씀으로, 예수 그리스도는 하나님의 영광의 광채이시고, 하나님의 본체의 형상으로서 만물을 보존하시며, 죄를 깨끗게 하시는 분이시라는 것입니다. 예수 그리스도를 믿고 의지할 때 소망을 가질 수 있다는 것을 보여줍니다.

호 12 바람을 먹는다는 것은 속이 텅 빈 것, 헛되고 공허하고 무의미한 것을 표현한 것입니다. 동풍을 따라간다는 것은 위험한 행동을 의미하는 것입니다. 결국 앗수르 또는 애굽 등을 의뢰하고, 그들과 동맹을 맺어 구원을 받고자 소망하는 일은 헛되고 오히려 위험한 일로, 스스로 멸망을 자초하는 것임을 말씀하고 있는 것입니다.

시 135~136 우상은 듣지도 보지도 못하는 존재요 생명이 없는 존재로 그것을 만드는 자 뿐만 아니라 그것을 믿고 의뢰하며 따르는 자는 그것과 함께 망한다는 것입니다. 생명을 잃게 된다는 것을 보여줍니다.

말씀묵상

하나님을 향한 의뢰는 결코 헛되지 않음을 믿음으로 하나님만 의지합니다. 예수 그리스도를 통해 이 세상과 우리의 삶이 보존되고 지켜질 뿐만 아니라 그 죄를 용서함 받고 거룩함에 설 수 있다는 것을 소망으로 갖게 됩니다.

말씀적용 오늘의 감사

말씀적용

오늘의 감사

믿음으로 감사

소망으로 감사

사랑으로 감사

말씀암송

히 1:3 이는 하나님의 영광의 □□시요 그 본체의 □□이시라 그의 능력의 □□으로 만물을 붙드시며 죄를 정결하게 하는 일을 하시고 높은 곳에 계신 지극히 크신 이의 □□에 앉으셨느니라

말씀기도

❶ 하나님이 아닌 다른 소망은 헛되고 위험함을 깨닫게 하시고 오직 하나님께만 소망을 두게 하소서.
❷ 우리를 붙드시고 그 죄를 용서하시는 예수 그리스도를 유일한 소망으로 두고 따라가게 하소서.
❸ 하나님을 향한 신뢰와 의지는 결코 헛되지 않음을 깨닫고, 끝까지 주님을 의뢰하며 붙들게 하소서.

말씀배경 지식

고산과 하란과 레셉과 들라살에 있는 에덴 (왕하 19:12)

고산은 앗수르어로 '구사누'(Guzanu), 지금의 텔 할라프(Tell Halaf)이다. 이는 하란 동쪽 하볼 강변에 있다. 그 성은 B.C. 5세기까지 거슬러 올라간다. 하란은 발리크 강변에 위치한다. 레셉은 앗수르어로 '라사파'(Rasapa), 아마 현재의 루사파(Rusafah or Risafe)일 것이다. 루사파는 팔미라(Palmyra) 북동쪽에 위치한다. 에덴은 앗수르 비문에 빗아딘니(Bit-Adinni)로 나타나며, 발리크(Balikh) 강 서쪽 유브라데강을 가로지른 작은 왕국이었다. 들라살은 에덴 지역에 있었을 것이다.

311 일차/365

11월 7일

교만함으로 인한 심판

열왕기하 20장 | 히브리서 2장 | 호세아 13장 | 시편 137-138편

열왕기하 20장 | 교만으로 인한 심판

20:1 그 때에 히스기야가 병들어 죽게 되매 아모스의 아들 선지자 이사야가 그에
게 나아와서 그에게 이르되 여호와의 말씀이 너는 집을 정리하라 네가 죽고 살지
못하리라 하셨나이다

20:2 히스기야가 낯을 벽으로 향하고 여호와께 기도하여 이르되

20:3 여호와여 구하오니 내가 진실과 전심으로 주 앞에 행하며 주께서 보시기에
선하게 행한 것을 기억하옵소서 하고 히스기야가 심히 통곡하더라

20:13 히스기야가 사자들의 말을 듣고 자기 보물고의 금은과 향품과 보배로운
기름과 그의 군기고와 창고의 모든 것을 다 사자들에게 보였는데 왕궁과 그의 나
라 안에 있는 모든 것 중에서 히스기야가 그에게 보이지 아니한 것이 없더라

20:17 여호와의 말씀이 날이 이르리니 왕궁의 모든 것과 왕의 조상들이 오늘까
지 쌓아 두었던 것이 바벨론으로 옮긴 바 되고 하나도 남지 아니할 것이요

20:18 또 왕의 몸에서 날 아들 중에서 사로잡혀 바벨론 왕궁의 환관이 되리라 하
셨나이다 하니

히브리서 2장 | 낮아짐을 통한 구원과 영광

2:9 오직 우리가 천사들보다 잠시 동안 못하게 하심을 입은 자 곧 죽음의 고난
받으심으로 말미암아 영광과 존귀로 관을 쓰신 예수를 보니 이를 행하심은 하나
님의 은혜로 말미암아 모든 사람을 위하여 죽음을 맛보려 하심이라

2:10 그러므로 만물이 그를 위하고 또한 그로 말미암은 이가 많은 아들들을 이
끌어 영광에 들어가게 하시는 일에 그들의 구원의 창시자를 고난을 통하여 온전
하게 하심이 합당하도다

2:17 그러므로 그가 범사에 형제들과 같이 되심이 마땅하도다 이는 하나님의 일
에 자비하고 신실한 대제사장이 되어 백성의 죄를 속량하려 하심이라

2:18 그가 시험을 받아 고난을 당하셨은즉 시험 받는 자들을 능히 도우실 수 있
느니라

오늘의 찬양

찬송가 212장 | 겸손히 주를 섬길 때

맥체인성경365
1760p

호세아 13장 | 교만으로 인한 죄

13:4 그러나 애굽 땅에 있을 때부터 나는 네 하나님 여호와라 나 밖에 네가 다른
신을 알지 말 것이라 나 외에는 구원자가 없느니라

13:6 그들이 먹여 준 대로 배가 불렀고 배가 부르니 그들의 마음이 교만하여 이
로 말미암아 나를 잊었느니라

13:7 그러므로 내가 그들에게 사자 같고 길 가에서 기다리는 표범 같으니라

13:8 내가 새끼 잃은 곰 같이 그들을 만나 그의 염통 꺼풀을 찢고 거기서 암사자
같이 그들을 삼키리라 들짐승이 그들을 찢으리라

13:14 내가 그들을 스올의 권세에서 속량하며 사망에서 구속하리니 사망아 네
재앙이 어디 있느냐 스올아 네 멸망이 어디 있느냐 뉘우침이 내 눈 앞에서 숨으
리라

시편 137-138편 | 숨길 수 없는 교만

137:7 여호와여 예루살렘이 멸망하던 날을 기억하시고 에돔 자손을 치소서 그들
의 말이 헐어 버리라 헐어 버리라 그 기초까지 헐어 버리라 하였나이다

138:3 내가 간구하는 날에 주께서 응답하시고 내 영혼에 힘을 주어 나를 강하게 하
셨나이다

138:6 여호와께서는 높이 계셔도 낮은 자를 굽어살피시며 멀리서도 교만한 자를
아심이니이다

138:7 내가 환난 중에 다닐지라도 주께서 나를 살아나게 하시고 주의 손을 펴사 내
원수들의 분노를 막으시며 주의 오른손이 나를 구원하시리이다

말씀연결 중심내용

왕하 20 히스기야 왕이 앗수르의 공격을 막아내고 큰 중병의 위기로부터 건짐을 받은 후 나라는 평안함 가운데 크게 번영하며 든든히 설 수 있었습니다. 이 모든 것이 히스기야 왕의 기도에 하나님께서 응답하신 일이었습니다. 그러나 순간 교만함으로 그 모든 것을 자신이 이루었다고 그 업적을 드러내고자 합니다. 이에 대해 하나님은 이사야 선지자를 통해 심판을 선언하십니다.

히 2 하나님이신 예수님께서 천사들보다 못한 인간의 몸을 입고 이 땅에 오셨음을 말씀하고 있습니다. 섬김과 낮아짐으로 인간의 몸을 입고 이 땅에 오신 예수님은 죽음의 고난까지 받으시고 십자가에 죽기까지 낮아지셨습니다. 그리고 예수님은 이 모든 낮아짐과 희생으로 모든 사람의 구원을 이루셨고, 영광과 존귀로 관을 쓰셨습니다.

호 13 이스라엘의 교만과 이로 인한 어리석음과 죄를 말씀하고 있습니다. 그들에게 평안을 주시고 배불리 먹이시며 축복하신 분은 하나님이신데, 그 축복 속에 안주하고 교만하여 축복의 근원이 되시는 하나님을 잊고 죄악을 행하며 우상을 섬겼습니다. 따라서 하나님은 이스라엘에게 사자와 표범처럼 되어 그 백성들을 찢고 삼키겠다고 말씀하십니다.

시 137-138 하나님은 겸손히 하나님을 의지하는 자도 아시고 또 교만한 자도 아신다고 말씀하십니다. 하나님은 멀리 계셔서 결코 나의 교만함을 모를 거라는 어리석은 생각을 버려야 한다는 것을 보여줍니다.

말씀묵상

잠시라도 교만함으로 넘어지지 않기 위해 스스로를 살피고 항상 겸손해야 함을 잊지 말아야 합니다. 교만함은 하나님을 잊고 죄악을 따르게 하여 결국에는 넘어지고 심판에 이르게 합니다. 따라서 교만함을 버리고 겸손함과 낮아짐에 힘을 다해야 합니다.

말씀적용 오늘의 감사

말씀적용

오늘의 감사

믿음으로 감사

소망으로 감사

사랑으로 감사

말씀암송

호 13:6 그들이 먹여 준 대로 [ ]가 불렀고 배가 부르니 그들의 마음이 [ ][ ]하여 이로 말미암아 나를 잊었느니라

말씀기도

❶ 교만함은 하나님 앞에서 숨길 수 없음을 깨닫고, 겸손함으로 주를 의지하고 은혜를 구하며 살게 하소서.
❷ 순간의 교만함으로 돌이킬 수 없는 결과를 낳을 수 있음을 깨닫고 항상 주의하며 스스로를 살피고 겸손함에 힘쓰게 하소서.
❸ 당장은 고난을 겪을지라도 낮아짐과 희생과 섬김의 자리에 서게 하시고 이를 통해 결국 영광과 존귀의 자리에 서게 하소서.

말씀배경 지식

애굽 땅에 있을 때부터 나는 네 하나님 여호와라 (호 13:4)

애굽을 언급함으로써 하나님께서는 출애굽과 연관된 대 사건들을 연상시키신다. 그의 백성들이 불성실했을 때조차도 하나님께서는 그들에게 성실하였다. 이스라엘의 죄에도 불구하고 하나님께서는 그의 백성으로 하여금 상호간에 맺은 언약을 상기시키신다.

312 일차/365

11월 8일

죄에서 돌이킴

열왕기하 21장 | 히브리서 3장 | 호세아 14장 | 시편 139편

열왕기하 21장 | 죄로 인한 심판

21:2 므낫세가 여호와 보시기에 악을 행하여 여호와께서 이스라엘 자손 앞에서
쫓아내신 이방 사람의 가증한 일을 따라서

21:3 그의 아버지 히스기야가 헐어 버린 산당들을 다시 세우며 이스라엘의 왕 아
합의 행위를 따라 바알을 위하여 제단을 쌓으며 아세라 목상을 만들며 하늘의 일
월 성신을 경배하여 섬기며

21:6 또 자기의 아들을 불 가운데로 지나게 하며 점치며 사술을 행하며 신접한
자와 박수를 신임하여 여호와께서 보시기에 악을 많이 행하여 그 진노를 일으켰
으며

21:11 유다 왕 므낫세가 이 가증한 일과 악을 행함이 그 전에 있던 아모리 사람
들의 행위보다 더욱 심하였고 또 그들의 우상으로 유다를 범죄하게 하였도다

21:12 그러므로 이스라엘의 하나님 여호와가 말하노니 내가 이제 예루살렘과 유
다에 재앙을 내리리니 듣는 자마다 두 귀가 울리리라

히브리서 3장 | 죄의 유혹을 이겨야 함

3:1 그러므로 함께 하늘의 부르심을 받은 거룩한 형제들아 우리가 믿는 도리의
사도이시며 대제사장이신 예수를 깊이 생각하라

3:2 그는 자기를 세우신 이에게 신실하시기를 모세가 하나님의 온 집에서 한 것
과 같이 하셨으니

3:12 형제들아 너희는 삼가 혹 너희 중에 누가 믿지 아니하는 악한 마음을 품고
살아 계신 하나님에게서 떨어질까 조심할 것이요

3:13 오직 오늘이라 일컫는 동안에 매일 피차 권면하여 너희 중에 누구든지 죄
의 유혹으로 완고하게 되지 않도록 하라

3:15 성경에 일렀으되 오늘 너희가 그의 음성을 듣거든 격노하시게 하던 것 같
이 너희 마음을 완고하게 하지 말라 하였으니

오늘의 찬양
찬송가 273장 | 나 주를 멀리 떠났다

맥체인성경365
1765p

호세아 14장 | 죄에서 돌이켜야 함

14:2 너는 말씀을 가지고 여호와께로 돌아와서 아뢰기를 모든 불의를 제거하시
고 선한 바를 받으소서 우리가 수송아지를 대신하여 입술의 열매를 주께 드리리
이다

14:3 우리가 앗수르의 구원을 의지하지 아니하며 말을 타지 아니하며 다시는 우
리의 손으로 만든 것을 향하여 너희는 우리의 신이라 하지 아니하오리니 이는 고
아가 주로 말미암아 긍휼을 얻음이니이다 할지니라

14:5 내가 이스라엘에게 이슬과 같으리니 그가 백합화 같이 피겠고 레바논 백향
목 같이 뿌리가 박힐 것이라

14:6 그의 가지는 퍼지며 그의 아름다움은 감람나무와 같고 그의 향기는 레바논
백향목 같으리니

14:7 그 그늘 아래에 거주하는 자가 돌아올지라 그들은 곡식 같이 풍성할 것이
며 포도나무 같이 꽃이 필 것이며 그 향기는 레바논의 포도주 같이 되리라

시편 139편 | 죄를 미워해야 함

139:7 내가 주의 영을 떠나 어디로 가며 주의 앞에서 어디로 피하리이까

139:15 내가 은밀한 데서 지음을 받고 땅의 깊은 곳에서 기이하게 지음을 받은 때
에 나의 형체가 주의 앞에 숨겨지지 못하였나이다

139:20 그들이 주를 대하여 악하게 말하며 주의 원수들이 주의 이름으로 헛되이
맹세하나이다

139:21 여호와여 내가 주를 미워하는 자들을 미워하지 아니하오며 주를 치러 일어
나는 자들을 미워하지 아니하나이까

139:22 내가 그들을 심히 미워하니 그들은 나의 원수들이니이다

139:24 내게 무슨 악한 행위가 있나 보시고 나를 영원한 길로 인도하소서

말씀연결 중심내용

왕하 21 히스기야의 뒤를 이어 유다 왕이 된 므낫세는 아버지 히스기야 왕이 헐어 버린 신당들을 다시 세우고 바알을 위해 제단을 쌓고 아세라 목상을 만들며 하늘의 일월성신을 섬기는 등 여호와 보시기에 악을 많이 행하였습니다. 결국 하나님의 돌이킬 수 없는 진노와 심판에까지 이르렀고, 하나님은 선지자들을 통하여 유다와 예루살렘에 재앙을 내리실 것임을 말씀하셨습니다.

히 3 언제든 우리는 믿음에서 넘어지고 하나님에게서 떨어질 수 있음을 말씀하고 있습니다. 따라서 조심하고 매일 서로 권면하여 죄의 유혹에서 넘어지지 않도록 힘써야 한다는 것을 보여줍니다.

호 14 회개하고 하나님께 돌아올 것을 호소하는 말씀입니다. 더 이상 구원을 위해 앗수르를 의지하지 말고 하나님을 의지하며 헛된 우상이 아닌 하나님만 섬길 것을 전하는 말씀입니다. 이렇게 돌이킬 때, 하나님은 그 백성들의 반역을 고치며 놀라운 회복과 은혜를 주실 것을 말씀하고 있습니다.

시 139 여호와를 미워하는 자를 미워한다는 것은, 그들과 교제하며 그들과 같은 생각으로 하나님을 미워하는 편에 서지 않겠다는 것으로, 곧 죄를 미워하고 멀리하겠다는 것입니다.

말씀묵상

죄로 인한 결과가 심판임을 분명히 깨닫고 죄의 유혹에 넘어지지 말아야 합니다. 죄에서 돌이켜야 합니다. 연약하여 죄로 인해 넘어졌다면 속히 회개하고 돌이켜야 합니다. 죄를 멀리해야 합니다.

말씀적용 오늘의 감사

말씀적용

오늘의 감사

믿음으로 감사

소망으로 감사

사랑으로 감사

말씀암송

시 139:21 여호와여 내가 ☐를 미워하는 자들을 미워하지 아니하오며 주를 치러 일어나는 자들을 ☐☐하지 아니하나이까

말씀기도

❶ 하나님에게서 떨어지지 않도록 서로 권면하여 죄의 유혹에서 넘어지지 않게 하시며 믿음에서 승리하게 하소서.

❷ 죄에서 돌이켜 반역을 치료하시는 하나님의 은혜를 누리고, 또한 회복과 생명과 축복을 누리게 하소서.

❸ 여호와를 미워하는 자들 편에 서지 않게 하시고 철저히 죄를 미워하고 멀리하여 거룩함에 서게 하소서.

말씀배경 지식

믿지 아니하는 악한 마음 (히 3:12)

고의적인 무시와 불순종, 즉 믿지 아니하는 악한 마음은 사람을 하나님께 미치지 못하게 하거나, 그에게서 떠나가게 할 수 있다. 이러한 경고는 자기반성을 권하기 위하여 개인에 관한, 개인을 위한 것이 된다. 그리스도의 충성과 배교자들의 불충성 사이의 대조가 암시된다. 배교(背教)는 심판을 행하시는 살아계신 하나님에게서 떠나는 것이다. 그러므로 그 경고는 더욱 더 예리하다.

313 일차 / 365

11월 9일

하나님의 안식

열왕기하 22장 | 히브리서 4장 | 요엘 1장 | 시편 140-141편

열왕기하 22장 | 회개를 통해 이르는 안식

22:11 왕이 율법책의 말을 듣자 곧 그의 옷을 찢으니라

22:13 너희는 가서 나와 백성과 온 유다를 위하여 이 발견한 책의 말씀에 대하여
여호와께 물으라 우리 조상들이 이 책의 말씀을 듣지 아니하며 이 책에 우리를
위하여 기록된 모든 것을 행하지 아니하였으므로 여호와께서 우리에게 내리신
진노가 크도다

22:19 내가 이 곳과 그 주민에게 대하여 빈 터가 되고 저주가 되리라 한 말을 네
가 듣고 마음이 부드러워져서 여호와 앞 곧 내 앞에서 겸비하여 옷을 찢고 통곡
하였으므로 나도 네 말을 들었노라 여호와가 말하였느니라

22:20 그러므로 보라 내가 너로 너의 조상들에게 돌아가서 평안히 묘실로 들어
가게 하리니 내가 이 곳에 내리는 모든 재앙을 네 눈이 보지 못하리라 하셨느니
라 하니 사자들이 왕에게 보고하니라

히브리서 4장 | 예수님을 통해 이르는 안식

4:2 그들과 같이 우리도 복음 전함을 받은 자이나 들은 바 그 말씀이 그들에게
유익하지 못한 것은 듣는 자가 믿음과 결부시키지 아니함이라

4:7 오랜 후에 다윗의 글에 다시 어느 날을 정하여 오늘이라고 미리 이같이 일렀
으되 오늘 너희가 그의 음성을 듣거든 너희 마음을 완고하게 하지 말라 하였나니

4:11 그러므로 우리가 저 안식에 들어가기를 힘쓸지니 이는 누구든지 저 순종하
지 아니하는 본에 빠지지 않게 하려 함이라

4:15 우리에게 있는 대제사장은 우리의 연약함을 동정하지 못하실 이가 아니요
모든 일에 우리와 똑같이 시험을 받으신 이로되 죄는 없으시니라

4:16 그러므로 우리는 긍휼하심을 받고 때를 따라 돕는 은혜를 얻기 위하여 은
혜의 보좌 앞에 담대히 나아갈 것이니라

오늘의 찬양
찬송가 419장 | 주 날개 밑 내가 편안히 쉬네

맥체인성경365
1768p

요엘 1장 | 심판의 여호와의 날

1:2 늙은 자들아 너희는 이것을 들을지어다 땅의 모든 주민들아 너희는 귀를 기
울일지어다 너희의 날에나 너희 조상들의 날에 이런 일이 있었느냐

1:13 제사장들아 너희는 굵은 베로 동이고 슬피 울지어다 제단에 수종드는 자들
아 너희는 울지어다 내 하나님께 수종드는 자들아 너희는 와서 굵은 베 옷을 입
고 밤이 새도록 누울지어다 이는 소제와 전제를 너희 하나님의 성전에 드리지 못
함이로다

1:14 너희는 금식일을 정하고 성회를 소집하여 장로들과 이 땅의 모든 주민들을
너희 하나님 여호와의 성전으로 모으고 여호와께 부르짖을지어다

1:15 슬프다 그 날이여 여호와의 날이 가까웠나니 곧 멸망 같이 전능자에게로부
터 이르리로다

시편 140-141편 | 은혜를 통해 이르는 안식

140:7 내 구원의 능력이신 주 여호와여 전쟁의 날에 주께서 내 머리를 가려 주셨나
이다

140:12 내가 알거니와 여호와는 고난 당하는 자를 변호해 주시며 궁핍한 자에게 정
의를 베푸시리이다

140:13 진실로 의인들이 주의 이름에 감사하며 정직한 자들이 주의 앞에서 살리이
다

141:1 여호와여 내가 주를 불렀사오니 속히 내게 오시옵소서 내가 주께 부르짖을
때에 내 음성에 귀를 기울이소서

141:2 나의 기도가 주의 앞에 분향함과 같이 되며 나의 손 드는 것이 저녁 제사 같이
되게 하소서

141:5 의인이 나를 칠지라도 은혜로 여기며 책망할지라도 머리의 기름 같이 여겨서
내 머리가 이를 거절하지 아니할지라 그들의 재난 중에도 내가 항상 기도하리로다

말씀연결 중심내용

왕하 22 하나님을 경외한 요시야는 선왕 므낫세가 더럽힌 성전을 수리하고 새롭게 하다가 율법 책을 발견하게 되었습니다. 율법 책에 기록된 말씀을 통해 하나님 앞에 불순종했던 삶을 돌아보았고, 하나님의 진노와 심판의 말씀을 듣고 회개하였습니다. 겸비하여 옷을 찢고 통곡했습니다.

히 4 예수 그리스도는 우리의 연약함을 아시며 동정하시는 분임을 기억하고, 힘써 예수 그리스도 앞에 담대히 나아가 긍휼과 은혜를 받고 누림으로 하나님의 안식에 들어가기를 힘써야 한다고 말씀하고 있습니다.

욜 1 백성들은 구원의 날로 여호와의 날을 바랐지만, 죄악과 우상숭배로 하나님께 범죄한 백성들에게 여호와의 날은 심판의 날이 될 수밖에 없다는 것을 보여줍니다. 여호와의 날이 가까이 왔고, 그 날은 멸망의 날로 슬퍼할 수밖에 없음을 말씀하고 있습니다.

시 140-141 하나님의 변호와 정의 곧 긍휼은 고난 당하는 자와 궁핍한 자에게 있다는 것입니다. 의를 지키며 하나님 앞에 서고자 하는 사람들에게 주님과 함께 살게 하시는 구원과 축복이 있다는 것을 보여줍니다.

말씀묵상

여호와의 날을 심판이 아닌 구원의 날로 맞이하기 위해 회개하고 하나님께 돌이켜 겸손히 하나님을 바라봐야 합니다. 말씀으로 그 삶을 다시 세워야 합니다. 우리를 하나님의 진노와 심판에서 구원으로 이끄실 수 있는 분은 오직 예수 그리스도밖에 없습니다. 하나님의 은혜를 구하고 누려야 합니다.

말씀적용 오늘의 감사

말씀적용

오늘의 감사

믿음으로 감사

소망으로 감사

사랑으로 감사

말씀암송

욜 1:15 슬프다 그 날이여 □□□의 날이 가까웠나니 곧 멸망 같이 □□□에게로부터 이르리로다

말씀기도

❶ 말씀을 통해 항상 우리 자신을 돌아보고 회개하여 하나님의 은혜 안에 서게 하시고 여호와의 날을 구원의 날로 맞이하게 하소서.

❷ 하나님 앞에서 정직하고 의롭게 살아가기를 힘쓰게 하시고, 주님 앞에서 살아가는 은혜와 구원을 누리게 하소서.

❸ 우리의 연약함을 아시는 예수 그리스도께 날마다 나아가 돕는 은혜와 긍휼하심의 축복을 누리게 하소서.

말씀배경 지식

여호와의 날
(욜 1:15)

인간은 각자 자기의 날을 가지고 자기 길을 걸어가나, 결국은 여호와의 날이 오고야 만다. 인간의 죄를 생각해 볼 때 여호와의 날은 보복의 날임이 틀림없다.

314 일차 365

11월 10일

이제라도 돌아가야 합니다

열왕기하 23장 | 히브리서 5장 | 요엘 2장 | 시편 142편

열왕기하 23장 | 철저하게 회개해야 함

23:2 이에 왕이 여호와의 성전에 올라가매 유다 모든 사람과 예루살렘 주민과 제
사장들과 선지자들과 모든 백성이 노소를 막론하고 다 왕과 함께 한지라 왕이 여
호와의 성전 안에서 발견한 언약책의 모든 말씀을 읽어 무리의 귀에 들리고

23:3 왕이 단 위에 서서 여호와 앞에서 언약을 세우되 마음을 다하고 뜻을 다하
여 여호와께 순종하고 그의 계명과 법도와 율례를 지켜 이 책에 기록된 이 언약
의 말씀을 이루게 하리라 하매 백성이 다 그 언약을 따르기로 하니라

23:15 또한 이스라엘에게 범죄하게 한 느밧의 아들 여로보암이 벧엘에 세운 제
단과 산당을 왕이 헐고 또 그 산당을 불사르고 빻아서 가루를 만들며 또 아세라
목상을 불살랐더라

23:21 왕이 뭇 백성에게 명령하여 이르되 이 언약책에 기록된 대로 너희의 하나
님 여호와를 위하여 유월절을 지키라 하매

23:24 요시야가 또 유다 땅과 예루살렘에 보이는 신접한 자와 점쟁이와 드라빔
과 우상과 모든 가증한 것을 다 제거하였으니 이는 대제사장 힐기야가 여호와의
성전에서 발견한 책에 기록된 율법의 말씀을 이루려 함이라

히브리서 5장 | 회개는 순종까지 이르러야 함

5:3 그러므로 백성을 위하여 속죄제를 드림과 같이 또한 자신을 위하여도 드리
는 것이 마땅하니라

5:8 그가 아들이시면서도 받으신 고난으로 순종함을 배워서

5:9 온전하게 되셨은즉 자기에게 순종하는 모든 자에게 영원한 구원의 근원이
되시고

5:14 단단한 음식은 장성한 자의 것이니 그들은 지각을 사용함으로 연단을 받아
선악을 분별하는 자들이니라

오늘의 찬양

찬송가 273장 | 나 주를 멀리 떠났다

맥체인성경365
1773p

요엘 2장 | 이제라도 회개해야 함

2:1 시온에서 나팔을 불며 나의 거룩한 산에서 경고의 소리를 질러 이 땅 주민들
로 다 떨게 할지니 이는 여호와의 날이 이르게 됨이니라 이제 임박하였으니

2:12 여호와의 말씀에 너희는 이제라도 금식하고 울며 애통하고 마음을 다하여
내게로 돌아오라 하셨나니

2:13 너희는 옷을 찢지 말고 마음을 찢고 너희 하나님 여호와께로 돌아올지어다
그는 은혜로우시며 자비로우시며 노하기를 더디하시며 인애가 크시사 뜻을 돌
이켜 재앙을 내리지 아니하시나니

2:23 시온의 자녀들아 너희는 너희 하나님 여호와로 말미암아 기뻐하며 즐거워
할지어다 그가 너희를 위하여 비를 내리시되 이른 비를 너희에게 적당하게 주시
리니 이른 비와 늦은 비가 예전과 같을 것이라

시편 142편 | 회개하고 넘어지지 말아야 함

142:1 내가 소리 내어 여호와께 부르짖으며 소리 내어 여호와께 간구하는도다

142:2 내가 내 원통함을 그의 앞에 토로하며 내 우환을 그의 앞에 진술하는도다

142:4 오른쪽을 살펴 보소서 나를 아는 이도 없고 나의 피난처도 없고 내 영혼을
돌보는 이도 없나이다

142:5 여호와여 내가 주께 부르짖어 말하기를 주는 나의 피난처시요 살아 있는 사
람들의 땅에서 나의 분깃이시라 하였나이다

말씀연결 중심내용

왕하 23 성전을 수리하다 하나님의 말씀을 발견한 요시야는 모든 백성을 한 자리에 모아 하나님의 말씀을 읽어 그 귀에 들려주었습니다. 그리고 그 말씀대로 순종하겠다는 모두의 다짐을 받고 철저한 개혁을 이루어갔습니다.

히 5 예수 그리스도의 순종에 대해 말씀하고 있습니다. 곧 하나님께 돌이키는 회개는 그 모든 죄와 우상을 제거할 뿐만 아니라 온전한 순종까지 이어져야 한다는 것입니다. 고난으로 순종함을 배웠다고 말씀하고 있는데, 하나님의 아들이셨고 또한 하나님이셨지만 이 땅에 인간의 몸을 입고 오셔서 죽기까지 순종하셨다는 것을 보여줍니다.

욜 2 심판의 날로서 여호와의 날을 말씀하고 있습니다. 그 날의 참혹함을 메뚜기 떼의 공격으로 표현하고 있습니다. 이제라도 회개하여 마음을 찢고 하나님께 돌아오면 은혜로우시고 자비로우시며 노하기를 더디하시는 하나님께서 그 크신 인애로 용서하시고 재앙과 심판 대신에 복을 내리신다는 것을 말씀하고 있습니다.

시 142 하나님께 돌이켜 은혜와 구원의 자리에 섰다면 오직 하나님만을 절대적 소망으로 두고 넘어지지 말아야 한다는 것을 보여줍니다. 그러므로 믿음을 지켜가야 합니다.

말씀묵상

하나님 앞에 돌이키는 회개는 철저해야 합니다. 조금의 틈이나 타협도 없어야 하고, 하나님이 미워하시는 죄는 작은 것이라도 남김없이 철저히 제거하며 그 말씀을 지켜가야 합니다. 고난 속에서도 순종하신 예수 그리스도의 본을 따라 우리도 온전히 순종해야 합니다. 죄에서 철저히 돌이킬 뿐만 아니라 온전한 순종을 통해 구원의 자리에 서야 합니다. 고난과 우환과 원통 속에서 오직 소망과 도움은 하나님께 있음을 깨닫고 포기하지 말고 기도해야 합니다.

말씀적용 오늘의 감사

말씀적용

오늘의 감사

믿음으로 감사

소망으로 감사

사랑으로 감사

말씀암송

시 142:5 여호와여 내가 주께 부르짖어 말하기를 주는 나의 ☐☐☐시요 살아 있는 사람들의 땅에서 나의 ☐☐이시라 하였나이다

말씀기도

❶ 이제라도 회개하기를 원하시는 하나님의 사랑을 깨닫고 철저히 말씀을 따라 죄와 불의를 제거하며 하나님께 돌이키는 삶을 살게 하소서.

❷ 죽기까지 순종하신 예수 그리스도를 본받아 순종하는 삶을 살게 하시고, 순종을 통한 구원의 자리에 서게 하소서.

❸ 참된 피난처는 오직 하나님 한 분임을 깨닫고, 포기하지 않고 기도하며 하나님께 소망을 두게 하소서.

말씀배경 지식

벧엘에 세운 제단 (왕하 23:15)

요시야는 이스라엘로 언약을 범하게 만든 우상 숭배의 근원을 제거하였다. (왕상 12:28, 13:1, 암 3:14, 6:10, 6:13, 렘 48:13)

315 일차 365

11월 11일

축복하시는 자리에 서야 합니다

열왕기하 24장 | 히브리서 6장 | 요엘 3장 | 시편 143편

열왕기하 24장 | 말씀대로 심판하심

24:3 이 일이 유다에 임함은 곧 여호와의 말씀대로 그들을 자기 앞에서 물리치고
자 하심이니 이는 므낫세의 지은 모든 죄 때문이며

24:4 또 그가 무죄한 자의 피를 흘려 그의 피가 예루살렘에 가득하게 하였음이라
여호와께서 사하시기를 즐겨하지 아니하시니라

24:13 그가 여호와의 성전의 모든 보물과 왕궁 보물을 집어내고 또 이스라엘의
왕 솔로몬이 만든 것 곧 여호와의 성전의 금 그릇을 다 파괴하였으니 여호와의
말씀과 같이 되었더라

24:14 그가 또 예루살렘의 모든 백성과 모든 지도자와 모든 용사 만 명과 모든
장인과 대장장이를 사로잡아 가매 비천한 자 외에는 그 땅에 남은 자가 없었더라

24:20 여호와께서 예루살렘과 유다를 진노하심이 그들을 그 앞에서 쫓아내실 때
까지 이르렀더라 시드기야가 바벨론 왕을 배반하니라

히브리서 6장 | 말씀대로 축복하심

6:1 그러므로 우리가 그리스도의 도의 초보를 버리고 죽은 행실을 회개함과 하
나님께 대한 신앙과

6:2 세례들과 안수와 죽은 자의 부활과 영원한 심판에 관한 교훈의 터를 다시 닦
지 말고 완전한 데로 나아갈지니라

6:11 우리가 간절히 원하는 것은 너희 각 사람이 동일한 부지런함을 나타내어
끝까지 소망의 풍성함에 이르러

6:12 게으르지 아니하고 믿음과 오래 참음으로 말미암아 약속들을 기업으로 받
는 자들을 본받는 자 되게 하려는 것이니라

6:14 이르시되 내가 반드시 너에게 복 주고 복 주며 너를 번성하게 하고 번성하
게 하리라 하셨더니

6:15 그가 이같이 오래 참아 약속을 받았느니라

오늘의 찬양
찬송가 304장 | 그 크신 하나님의 사랑

맥체인성경365
1778p

요엘 3장 | 하나님 편에 서야 함

3:1 보라 그 날 곧 내가 유다와 예루살렘 가운데에서 사로잡힌 자를 돌아오게 할
그 때에

3:2 내가 만국을 모아 데리고 여호사밧 골짜기에 내려가서 내 백성 곧 내 기업인
이스라엘을 위하여 거기에서 그들을 심문하리니 이는 그들이 이스라엘을 나라
들 가운데에 흩어 버리고 나의 땅을 나누었음이며

3:12 민족들은 일어나서 여호사밧 골짜기로 올라올지어다 내가 거기에 앉아서
사면의 민족들을 다 심판하리로다

3:14 사람이 많음이여, 심판의 골짜기에 사람이 많음이여, 심판의 골짜기에 여호
와의 날이 가까움이로다

3:20 유다는 영원히 있겠고 예루살렘은 대대로 있으리라

시편 143편 | 은혜를 구해야 함

143:1 여호와여 내 기도를 들으시며 내 간구에 귀를 기울이시고 주의 진실과 의로
내게 응답하소서

143:2 주의 종에게 심판을 행하지 마소서 주의 눈 앞에는 의로운 인생이 하나도 없
나이다

143:5 내가 옛날을 기억하고 주의 모든 행하신 것을 읊조리며 주의 손이 행하는 일
을 생각하고

143:6 주를 향하여 손을 펴고 내 영혼이 마른 땅 같이 주를 사모하나이다 (셀라)

143:8 아침에 나로 하여금 주의 인자한 말씀을 듣게 하소서 내가 주를 의뢰함이니
이다 내가 다닐 길을 알게 하소서 내가 내 영혼을 주께 드림이니이다

말씀연결 중심내용

왕하 24 요시야 왕 때에 성전을 수리하다 발견한 율법 책을 통해, 요시야 왕과 그 백성들이 철저히 하나님의 말씀을 지키며, 그 신앙을 하나님께로 돌이키는 개혁이 있어, 잠시 하나님의 심판을 면하게 했지만, 완전히 그 심판을 중단시킬 수는 없었습니다. 결국 요시야 왕 이후 세워진 왕들이 다시 하나님 앞에 범죄함으로, 하나님은 므낫세 왕의 죄악으로 인해 말씀하신 심판을 진행하셨습니다.

히 6 아브라함에게 이루어진 약속을 언급하고 있는데, 하나님께서 아브라함에게 축복을 맹세하셨고, 그 맹세대로 하나님은 아브라함에게 복을 주시며 번성케 하셨다는 것입니다. 아브라함은 오래 참아 그 약속대로 축복을 받았다는 것을 보여줍니다.

욜 3 하나님은 민족들을 향한 심판을 말씀하셨습니다. 그들이 하나님의 백성들을 침략해 붙잡아 가고 노예로 팔았기 때문입니다. 하나님의 백성들을 고통에 빠뜨린 이방 민족들을 모두 모아 심판하시겠다고 말씀하셨습니다. 반면 하나님의 백성들은 구원하여 회복하시고 축복하심을 말씀하셨습니다. 하나님이 친히 그 백성들의 피난처요 산성이 되실 것을 말씀하셨습니다.

시 143 하나님의 공의 앞에 심판을 피할 수 있는 의로운 인생은 아무도 없음을 고백하며 그 은혜를 구하고 있는 말씀입니다. 곧 다윗은 원수로 인한 고통과 환난 중에서 하나님이 그 얼굴을 숨기지 마시고, 건지시고 구원하시기를 구하였습니다.

말씀묵상

우리도 신실하신 하나님께 소망을 두고 그 약속을 붙잡고 기다려야 합니다. 말씀대로 축복하시는 축복의 언약에 서기 위해 하나님 편에 서야 합니다. 하나님 앞에서 하나님의 기준에 따라 의로울 수 있는 사람은 아무도 없기에 오직 은혜가 필요하고, 따라서 은혜를 구해야 합니다.

말씀적용 오늘의 감사

말씀적용

오늘의 감사

믿음으로 감사

소망으로 감사

사랑으로 감사

말씀암송

히 6:14 이르시되 내가 반드시 너에게 ☐ 주고 ☐ 주며 너를 ☐☐하게 하고 ☐☐하게 하리라 하셨더니

말씀기도

❶ 하나님의 축복의 말씀을 약속으로 붙잡고 끝까지 인내하며 오래 참게 하셔서 결국 약속대로 이루시는 축복을 누리게 하소서.

❷ 하나님의 반대편에서 심판을 경험하지 않게 하시고, 언제나 하나님 편에 서서 구원과 회복과 축복을 경험하게 하소서.

❸ 결코 하나님 앞에서 의로울 수 없는 연약한 우리 인생임을 깨닫고 하나님의 은혜를 구하게 하시고 또 누리게 하소서.

말씀배경 지식

여호사밧 골짜기 (욜 3:2)

여호사밧 골짜기 혹은 하나님의 심판의 골짜기이다. 여호사밧이란 명칭이 "하나님께서 심판하신다"는 의미를 지니기 때문에, 최후의 전투 장면에 여호사밧 골짜기가 등장한다.

316 일차 365

구원과 심판

11월 12일

열왕기하 25장 | 히브리서 7장 | 아모스 1장 | 시편 144편

열왕기하 25장 | 멸망 시키시는 하나님

25:7 그들이 시드기야의 아들들을 그의 눈앞에서 죽이고 시드기야의 두 눈을 빼고 놋 사슬로 그를 결박하여 바벨론으로 끌고 갔더라

25:10 시위대장에게 속한 갈대아 온 군대가 예루살렘 주위의 성벽을 헐었으며

25:13 갈대아 사람이 또 여호와의 성전의 두 놋 기둥과 받침들과 여호와의 성전의 놋 바다를 깨뜨려 그 놋을 바벨론으로 가져가고

25:14 또 가마들과 부삽들과 부집게들과 숟가락들과 섬길 때에 쓰는 모든 놋그릇을 다 가져갔으며

25:15 시위대장이 또 불 옮기는 그릇들과 주발들 곧 금으로 만든 것이나 은으로 만든 것이나 모두 가져갔으며

25:21 바벨론 왕이 하맛 땅 리블라에서 다 쳐죽였더라 이와 같이 유다가 사로잡혀 본토에서 떠났더라

히브리서 7장 | 구원하시는 하나님

7:17 증언하기를 네가 영원히 멜기세덱의 반차를 따르는 제사장이라 하였도다

7:21 그들은 맹세 없이 제사장이 되었으되 오직 예수는 자기에게 말씀하신 이로 말미암아 맹세로 되신 것이라 주께서 맹세하시고 뉘우치지 아니하시리니 네가 영원히 제사장이라 하셨도다

7:22 이와 같이 예수는 더 좋은 언약의 보증이 되셨느니라

7:25 그러므로 자기를 힘입어 하나님께 나아가는 자들을 온전히 구원하실 수 있으니 이는 그가 항상 살아 계셔서 그들을 위하여 간구하심이라

7:27 그는 저 대제사장들이 먼저 자기 죄를 위하고 다음에 백성의 죄를 위하여 날마다 제사 드리는 것과 같이 할 필요가 없으니 이는 그가 단번에 자기를 드려 이루셨음이라

7:28 율법은 약점을 가진 사람들을 제사장으로 세웠거니와 율법 후에 하신 맹세의 말씀은 영원히 온전하게 되신 아들을 세우셨느니라

오늘의 찬양
찬송가 310장 | 아 하나님의 은혜로

맥체인성경365
1782p

아모스 1장 | 심판하시는 하나님

1:3 여호와께서 이와 같이 말씀하시되 다메섹의 서너 가지 죄로 말미암아 내가
그 벌을 돌이키지 아니하리니 이는 그들이 철 타작기로 타작하듯 길르앗을 압박
하였음이라

1:6 여호와께서 이와 같이 말씀하시되 가사의 서너 가지 죄로 말미암아 내가 그
벌을 돌이키지 아니하리니 이는 그들이 모든 사로잡은 자를 끌어 에돔에 넘겼음
이라

1:9 여호와께서 이와 같이 말씀하시되 두로의 서너 가지 죄로 말미암아 내가 그
벌을 돌이키지 아니하리니 이는 그들이 그 형제의 계약을 기억하지 아니하고 모
든 사로잡은 자를 에돔에 넘겼음이라

1:11 여호와께서 이와 같이 말씀하시되 에돔의 서너 가지 죄로 말미암아 내가
그 벌을 돌이키지 아니하리니 이는 그가 칼로 그의 형제를 쫓아가며 긍휼을 버리
며 항상 맹렬히 화를 내며 분을 끝없이 품었음이라

1:13 여호와께서 이와 같이 말씀하시되 암몬 자손의 서너 가지 죄로 말미암아 내
가 그 벌을 돌이키지 아니하리니 이는 그들이 자기 지경을 넓히고자 하여 길르앗
의 아이 밴 여인의 배를 갈랐음이니라

시편 144편 | 축복하시는 하나님

144:2 여호와는 나의 사랑이시요 나의 요새이시요 나의 산성이시요 나를 건지시
는 이시요 나의 방패이시니 내가 그에게 피하였고 그가 내 백성을 내게 복종하게
하셨나이다

144:12 우리 아들들은 어리다가 장성한 나무들과 같으며 우리 딸들은 궁전의 양식
대로 아름답게 다듬은 모퉁잇돌들과 같으며

144:13 우리의 곳간에는 백곡이 가득하며 우리의 양은 들에서 천천과 만만으로 번
성하며

144:14 우리 수소는 무겁게 실었으며 또 우리를 침노하는 일이나 우리가 나아가
막는 일이 없으며 우리 거리에는 슬피 부르짖음이 없을진대

144:15 이러한 백성은 복이 있나니 여호와를 자기 하나님으로 삼는 백성은 복이
있도다

말씀연결 중심내용

왕하 25 계속된 죄악으로 하나님은 유다를 향한 심판을 미루실 수 없었고, 결국 시드기야 왕 때에 바벨론을 통해 유다를 멸하셨습니다. 시드기야 왕은 그의 아들들이 죽임 당하는 것을 눈앞에서 봐야 했고, 그 자신도 두 눈이 뽑히어 비참한 모습으로 바벨론에 끌려가게 됐습니다. 성전과 왕궁, 그리고 예루살렘의 모든 귀인들의 집까지 모두 불에 태워졌으며, 성벽은 헐리고, 성전의 모든 기명들은 바벨론에 의해 모두 빼앗기고 말았습니다. 그 죄로 인한 참혹한 결과를 결코 피할 수 없다는 것을 보여줍니다.

히 7 하나님께서 예수 그리스도를 멜기세덱의 반차를 따르는 영원한 대제사장 되게 하심을 말씀하고 있는데, 이를 통해 구원을 이루어 가신다는 것입니다. 대제사장 되신 예수 그리스도께서 하나님께 나아가는 구원의 통로가 되신다는 것입니다. 예수 그리스도의 중보의 사역을 통해 예수 그리스도를 힘입는 사람들이 온전한 구원의 은혜를 누리게 된다는 것을 보여줍니다.

암 1 아람, 블레셋, 두로, 에돔, 암몬 등을 향한 심판의 말씀으로 그 나라들이 하나님의 백성 이스라엘에 행한 잔혹함과 그 죄에서 돌이키지 않음으로 인해서 심판하실 것을 말씀하고 있습니다.

시 144 하나님의 백성이 된 사람에게 복이 있음을 말씀하고 있는데, 곧 하나님을 나의 하나님으로 삼고 하나님의 백성이 된 사람에게는 하나님의 돌보심 속에서 풍성한 소산과 자녀의 축복과 평안의 은혜가 주어진다는 것을 보여주고 있습니다.

말씀묵상

죄에 대해서는 반드시 하나님께서 방관하거나 모른 척 덮고 넘어가지 않으신다는 것입니다. 예수 그리스도의 중보의 사역을 통해 예수 그리스도를 힘입는 사람들이 온전한 구원의 은혜를 누리게 됩니다. 하나님의 구원의 은혜 안에서 힘써 하나님을 섬기며 살아가는 사람들에게 놀라운 축복을 더해 주셔서 풍성한 삶을 살게 하십니다.

말씀적용 오늘의 감사

말씀적용

오늘의 감사

믿음으로 감사

소망으로 감사

사랑으로 감사

말씀암송

히 7:25 그러므로 자기를 힘입어 하나님께 나아가는 자들을 온전히 [ ][ ]하실 수 있으니 이는 그가 항상 살아 계셔서 그들을 위하여 [ ][ ]하심이라

말씀기도

❶ 하나님의 진노의 심판으로 돌이킬 수 없는 멸망의 자리에 서지 않게 하시고, 따라서 죄에서 떠나 주의 은혜 안에 거하게 하소서.
❷ 대제사장 되신 예수 그리스도를 힘입어 날마다 하나님께 나아가 구원의 은혜를 누리게 하소서.
❸ 하나님을 나의 하나님으로 삼고 하나님의 백성이 되어 하나님께서 풍요롭게 공급하시며 지키시고 보호하시는 축복을 누리게 하소서.

말씀배경 지식

멜기세덱 (히 7:17)

멜기세덱은 그리스도의 예표다. 멜기세덱에 관하여 알려진 모든 것이 구약의 창세기 14:17-20과 시편 110:4에 나타난다. 이 두 경우에서 하나님의 제사장으로서의 그의 지위는 분명하다. 또한 그의 생애에 관한 이야기는 창세기의 구절에서 전부 언급되고 있어 더 이상 그에 관해 알려져 있지 않다. 그렇지만 그리스도의 영원한 제사장 직분의 예표로서의 멜기세덱은 틀림없다.

317 일차 365

11월 13일

새 언약의 은혜

역대상 1-2장 | 히브리서 8장 | 아모스 2장 | 시편 145편

역대상 1-2장 | 구속의 은혜

1:1 아담, 셋, 에노스,

1:2 게난, 마할랄렐, 야렛,

1:3 에녹, 므두셀라, 라멕,

1:4 노아, 셈, 함과 야벳은 조상들이라

1:27 아브람 곧 아브라함은 조상들이요

2:1 이스라엘의 아들은 이러하니 르우벤과 시므온과 레위와 유다와 잇사갈과 스불론과

2:2 단과 요셉과 베냐민과 납달리와 갓과 아셀이더라

히브리서 8장 | 새 언약의 은혜

8:1 지금 우리가 하는 말의 요점은 이러한 대제사장이 우리에게 있다는 것이라 그는 하늘에서 지극히 크신 이의 보좌 우편에 앉으셨으니

8:2 성소와 참 장막에서 섬기는 이시라 이 장막은 주께서 세우신 것이요 사람이 세운 것이 아니니라

8:6 그러나 이제 그는 더 아름다운 직분을 얻으셨으니 그는 더 좋은 약속으로 세우신 더 좋은 언약의 중보자시라

8:10 또 주께서 이르시되 그 날 후에 내가 이스라엘 집과 맺을 언약은 이것이니 내 법을 그들의 생각에 두고 그들의 마음에 이것을 기록하리라 나는 그들에게 하나님이 되고 그들은 내게 백성이 되리라

8:12 내가 그들의 불의를 긍휼히 여기고 그들의 죄를 다시 기억하지 아니하리라 하셨느니라

8:13 새 언약이라 말씀하셨으매 첫 것은 낡아지게 하신 것이니 낡아지고 쇠하는 것은 없어져 가는 것이니라

오늘의 찬양
찬송가 370장 | 주 안에 있는 나에게

맥체인성경365
1787p

아모스 2장 | 은혜를 떠난 결과

2:4 여호와께서 이와 같이 말씀하시되 유다의 서너 가지 죄로 말미암아 내가 그 벌을 돌이키지 아니하리니 이는 그들이 여호와의 율법을 멸시하며 그 율례를 지키지 아니하고 그의 조상들이 따라가던 거짓 것에 미혹되었음이라

2:7 힘 없는 자의 머리를 티끌 먼지 속에 발로 밟고 연약한 자의 길을 굽게 하며 아버지와 아들이 한 젊은 여인에게 다녀서 내 거룩한 이름을 더럽히며

2:14 빨리 달음박질하는 자도 도망할 수 없으며 강한 자도 자기 힘을 낼 수 없으며 용사도 자기 목숨을 구할 수 없으며

2:15 활을 가진 자도 설 수 없으며 발이 빠른 자도 피할 수 없으며 말 타는 자도 자기 목숨을 구할 수 없고

2:16 용사 가운데 그 마음이 굳센 자도 그 날에는 벌거벗고 도망하리라 여호와의 말씀이니라

시편 145편 | 은혜의 찬송

145:1 왕이신 나의 하나님이여 내가 주를 높이고 영원히 주의 이름을 송축하리이다

145:2 내가 날마다 주를 송축하며 영원히 주의 이름을 송축하리이다

145:10 여호와여 주께서 지으신 모든 것들이 주께 감사하며 주의 성도들이 주를 송축하리이다

145:11 그들이 주의 나라의 영광을 말하며 주의 업적을 일러서

145:12 주의 업적과 주의 나라의 위엄 있는 영광을 인생들에게 알게 하리이다

145:13 주의 나라는 영원한 나라이니 주의 통치는 대대에 이르리이다

말씀연결 중심내용

대상 1-2 아담에서부터 아브라함까지 이르는 계보를 기록하고 있는데, 기록된 수 많은 사람들의 이름을 대하면서 하나님의 은혜, 특별히 구속의 은혜를 깨달을 수 있습니다. 하나님은 선하게 세상을 창조하셨지만, 인간의 죄로 말미암아 그 선은 깨어졌고, 인간은 죄로 인해 심판을 피할 수 없게 되었습니다. 그러나 하나님의 사랑은 구속의 은혜로 나타나 죄로 죽었던 인간에게 구원의 길을 열어가신 것을 보여줍니다.

히 8 예수 그리스도께서 대제사장으로 새 언약의 중보자가 되신다는 것입니다. 모세를 통해 율법을 주시고 첫 언약을 주셨지만, 그 언약을 지키지 않아 파기되었고, 하나님은 심판 대신에 예수 그리스도를 통한 새 언약을 주셔서 그 백성들에게 다시 구원의 길을 열어주셨다는 것을 보여줍니다.

암 2 하나님의 놀라운 구속의 은혜를 떠나 하나님의 반대편에 서서 불의함과 죄악으로 하나님을 대항한 결과는 심판입니다. 그 누구도, 곧 무기를 가진 강한 용사요, 발이 빠르고 말을 탄 용사라도 하나님의 심판을 피할 수 없습니다. 하나님의 은혜 밖에 있는 자는 모두가 멸망 당한다는 것을 보여줍니다.

시 145 하나님의 놀라운 은혜와 긍휼과 인자하심에 대해 찬송하고 있는 다윗의 고백입니다. 하나님의 크신 은혜와 사랑을 깨닫고 찬송함은 마땅한 일입니다.

말씀묵상

말씀에 기록된 인물들을 보면서 하나님의 구속의 은혜를 발견하고, 또한 그 구속의 은혜가 오늘 나에게까지 이어지고 있음을 깨닫게 됩니다. 새 언약은 하나님의 놀라운 사랑이며, 우리 모두를 구원하고자 하시는 하나님의 은혜입니다. 다윗의 고백처럼 하나님의 크고 위대하심을 날마다 송축하고 영원히 송축해야 합니다.

말씀적용 오늘의 감사

말씀적용

오늘의 감사

믿음으로 감사

소망으로 감사

사랑으로 감사

말씀암송

시 145:10 여호와여 주께서 지으신 모든 것들이 주께 [ ][ ]하며 주의 성도들이 주를 [ ][ ]하리이다

말씀기도

❶ 하나님의 놀라운 사랑 속에서 대제사장 되신 예수 그리스도를 통해 주어진 새 언약의 은혜를 붙잡고 놓치지 않게 하소서.

❷ 하나님의 크고 놀라운 은혜와 사랑을 깨닫고 더욱 하나님을 경외하고 찬양하는 삶을 살게 하소서.

❸ 어리석게 하나님의 은혜밖에 서지 않게 하시고 겸손히 하나님 편에 서서 그 은혜를 구하고 또 누리게 하소서.

말씀배경 지식

아브람 곧 아브라함 (대상 1:27)

아브람이란 이름은 '높임받는 아버지'란 뜻이다. 아브라함이란 이름 자체에는 별다른 히브리어적인 의미가 없으나 이름과 결합된 새 언약은 아브람이 세상의 모든 백성들에 대해서 하나님을 대리하는 전 세계적인 임무를 띠고 있다는 사실을 강조한다(롬 4:16-17). 보다 높은 특권이 주어지면 보다 많은 책임이 따르게 된다. 하나님은 새로운 신앙과 순종 행로(行路)의 순간순간마다 특별한 인도를 해주시기로 약속하셨다.

318 일차/365

11월 14일

축복과 심판

역대상 3-4장 | 히브리서 9장 | 아모스 3장 | 시편 146-147편

역대상 3-4장 | 구하는 자에게 주어지는 축복

3:1 다윗이 헤브론에서 낳은 아들들은 이러하니 맏아들은 암논이라 이스르엘 여
인 아히노암의 소생이요 둘째는 다니엘이라 갈멜 여인 아비가일의 소생이요

4:9 야베스는 그의 형제보다 귀중한 자라 그의 어머니가 이름하여 이르되 야베스
라 하였으니 이는 내가 수고로이 낳았다 함이었더라

4:10 야베스가 이스라엘 하나님께 아뢰어 이르되 주께서 내게 복을 주시려거든
나의 지역을 넓히시고 주의 손으로 나를 도우사 나로 환난을 벗어나 내게 근심이
없게 하옵소서 하였더니 하나님이 그가 구하는 것을 허락하셨더라

4:38 여기 기록된 것들은 그들의 종족과 그들의 가문의 지도자들의 이름이라 그
들이 매우 번성한지라

4:40 기름지고 아름다운 목장을 발견하였는데 그 땅이 넓고 안정 되고 평안하니
이는 옛적부터 거기에 거주해 온 사람은 함의 자손인 까닭이라

히브리서 9장 | 바라는 자들에게 주어지는 축복

9:11 그리스도께서는 장래 좋은 일의 대제사장으로 오사 손으로 짓지 아니한 것
곧 이 창조에 속하지 아니한 더 크고 온전한 장막으로 말미암아

9:12 염소와 송아지의 피로 하지 아니하고 오직 자기의 피로 영원한 속죄를 이
루사 단번에 성소에 들어가셨느니라

9:26 그리하면 그가 세상을 창조한 때부터 자주 고난을 받았어야 할 것이로되
이제 자기를 단번에 제물로 드려 죄를 없이 하시려고 세상 끝에 나타나셨느니라

9:27 한번 죽는 것은 사람에게 정해진 것이요 그 후에는 심판이 있으리니

9:28 이와 같이 그리스도도 많은 사람의 죄를 담당하시려고 단번에 드리신 바
되셨고 구원에 이르게 하기 위하여 죄와 상관 없이 자기를 바라는 자들에게 두
번째 나타나시리라

오늘의 찬양
찬송가 484장 | 내 맘의 주여 소망되소서

맥체인성경365
1793p

아모스 3장 | 깨닫지 못하는 자들에게 주어지는 심판

3:1 이스라엘 자손들아 여호와께서 너희에 대하여 이르시는 이 말씀을 들으라
애굽 땅에서 인도하여 올리신 모든 족속에 대하여 이르시기를

3:6 성읍에서 나팔이 울리는데 백성이 어찌 두려워하지 아니하겠으며 여호와의
행하심이 없는데 재앙이 어찌 성읍에 임하겠느냐

3:7 주 여호와께서는 자기의 비밀을 그 종 선지자들에게 보이지 아니하시고는
결코 행하심이 없으시리라

3:14 내가 이스라엘의 모든 죄를 보응하는 날에 벧엘의 제단들을 벌하여 그 제
단의 뿔들을 꺾어 땅에 떨어뜨리고

3:15 겨울 궁과 여름 궁을 치리니 상아 궁들이 파괴되며 큰 궁들이 무너지리라
여호와의 말씀이니라

시편 146-147편 | 경외하는 자들에게 주어지는 축복

146:8 여호와께서 맹인들의 눈을 여시며 여호와께서 비굴한 자들을 일으키시며
여호와께서 의인들을 사랑하시며

146:9 여호와께서 나그네들을 보호하시며 고아와 과부를 붙드시고 악인들의 길은
굽게 하시는도다

147:7 감사함으로 여호와께 노래하며 수금으로 하나님께 찬양할지어다

147:11 여호와는 자기를 경외하는 자들과 그의 인자하심을 바라는 자들을 기뻐하
시는도다

147:13 그가 네 문빗장을 견고히 하시고 네 가운데에 있는 너의 자녀들에게 복을
주셨으며

147:14 네 경내를 평안하게 하시고 아름다운 밀로 너를 배불리시며

147:19 그가 그의 말씀을 야곱에게 보이시며 그의 율례와 규례를 이스라엘에게 보
이시는도다

말씀연결 중심내용

대상 3-4 야베스의 기도가 나옵니다. 야베스의 이름의 뜻은 "고통의 아들"입니다. 그의 어머니가 "내가 수고로이 낳았다"는 의미에서 야베스라고 이름을 지었습니다. 여기서 그의 삶의 환경이 좋지 못했음을 알 수 있습니다. 그러나 그는 하나님께 믿음으로 구하여 복된 인생을 만들어 갔고, 형제들 중 귀중한 자가 되었습니다. 곧 하나님은 그의 기도에 응답하여 그의 지역을 넓혀주셨고, 그를 도와 모든 환난에서 벗어나 평안하게 하셨음을 보여줍니다.

히 9 한 번 죽는 것은 사람에게 정해진 것이고, 이후 심판이 주어집니다. 그러나 그 몸을 제물로 바쳐 사람의 죄를 담당하신 예수 그리스도께서 다시 오셔서 그를 바라는 사람에게 구원을 주신다는 것입니다.

암 3 이스라엘 백성들은 심판을 경고하는 아모스 선지자의 말을 믿지 않았습니다. 하나님의 사랑에 자신들이 반응하여 보인 죄악 된 삶은 생각하지 못하고, 하나님께 선택받은 사랑만을 생각하며, 이런 자신들이 어떻게 심판받을 수 있느냐고 교만한 것입니다. 결국 이러한 교만한 백성들을 향해 하나님은 단호한 심판을 말씀하셨습니다.

시 146-147 하나님은 힘 있고 능력 있는 자들이 아니라 하나님을 경외하며 그 은혜를 구하는 자들을 기뻐하시며, 그들에게 축복하신다는 것입니다. 보호와 평안과 풍성한 소산의 축복을 주신다는 것을 보여줍니다.

말씀묵상

축복의 인생은 환경에 있는 것이 아니라 하나님을 향한 믿음과 구하는 삶에 있습니다. 그리스도를 소망으로 기다리는 사람에게는 구원의 축복이 주어집니다. 어리석게 교만함 속에서 심판의 자리에 서는 것이 아니라, 하나님을 경외하는 삶 속에서 믿음으로 은혜를 구하고 소망 중에 주님을 바라고 기다림으로 축복의 자리에 서야 합니다.

말씀적용 오늘의 감사

말씀적용

오늘의 감사

믿음으로 감사

소망으로 감사

사랑으로 감사

말씀암송

히 9:27 한번 죽는 것은 사람에게 정해진 것이요 그 후에는 ☐☐이 있으리니

말씀기도

❶ 주어진 환경을 탓하며 넘어지지 않게 하시고, 하나님을 믿고 구함으로 축복된 삶을 열어가게 하소서.

❷ 소망으로 주를 믿고 바람으로 다시 오시는 주님을 통한 구원의 축복을 누리게 하소서.

❸ 교만함으로 하나님의 경고에 귀를 닫아 심판에 이르는 것이 아니라, 하나님을 경외하고 그 은혜를 구함으로 하나님의 돌보심의 축복과 풍성케 하시는 축복을 누리게 하소서.

말씀배경 지식

그 제단의 뿔들 (암 3:14)

제단의 뿔들은 권세를 상징하였으며 이스라엘인들에게는 거룩한 것이었다(왕상 1:50). 제물의 피를 이 뿔들에 바르기 때문에 뿔들은 매우 중요하였다(레 4:30). 따서 단의 뿔들을 잘라내는 것은 단을 더럽히는 행위였다.

319 일차 365

11월 15일

새로운 살 길을 주셨습니다

역대상 5-6장 | 히브리서 10장 | 아모스 4장 | 시편 148-150편

역대상 5-6장 | 돌아오지 못한 백성들

5:1 이스라엘의 장자 르우벤의 아들들은 이러하니라 (르우벤은 장자라도 그의
아버지의 침상을 더럽혔으므로 장자의 명분이 이스라엘의 아들 요셉의 자손에게
로 돌아가서 족보에 장자의 명분대로 기록되지 못하였느니라

5:2 유다는 형제보다 뛰어나고 주권자가 유다에게서 났으나 장자의 명분은 요셉
에게 있으니라)

5:25 그들이 그들의 조상들의 하나님께 범죄하여 하나님이 그들 앞에서 멸하신
그 땅 백성의 신들을 간음하듯 섬긴지라

5:26 그러므로 이스라엘 하나님이 앗수르 왕 불의 마음을 일으키시며 앗수르 왕
디글랏빌레셀의 마음을 일으키시매 곧 르우벤과 갓과 므낫세 반 지파를 사로잡
아 할라와 하볼과 하라와 고산 강 가에 옮긴지라 그들이 오늘까지 거기에 있으니
라

히브리서 10장 | 새로운 살 길

10:1 율법은 장차 올 좋은 일의 그림자일 뿐이요 참 형상이 아니므로 해마다 늘
드리는 같은 제사로는 나아오는 자들을 언제나 온전하게 할 수 없느니라

10:10 이 뜻을 따라 예수 그리스도의 몸을 단번에 드리심으로 말미암아 우리가
거룩함을 얻었노라

10:14 그가 거룩하게 된 자들을 한 번의 제사로 영원히 온전하게 하셨느니라

10:19 그러므로 형제들아 우리가 예수의 피를 힘입어 성소에 들어갈 담력을 얻
었나니

10:20 그 길은 우리를 위하여 휘장 가운데로 열어 놓으신 새로운 살 길이요 휘장
은 곧 그의 육체니라

아모스 4장 | 돌이키지 않은 백성들

4:6 또 내가 너희 모든 성읍에서 너희 이를 깨끗하게 하며 너희의 각 처소에서 양식이 떨어지게 하였으나 너희가 내게로 돌아오지 아니하였느니라 여호와의 말씀이니라

4:12 그러므로 이스라엘아 내가 이와 같이 네게 행하리라 내가 이것을 네게 행하리니 이스라엘아 네 하나님 만나기를 준비하라

4:13 보라 산들을 지으며 바람을 창조하며 자기 뜻을 사람에게 보이며 아침을 어둡게 하며 땅의 높은 데를 밟는 이는 그의 이름이 만군의 하나님 여호와시니라

시편 148-150편 | 기쁨이 되는 백성들

148:1 할렐루야 하늘에서 여호와를 찬양하며 높은 데서 그를 찬양할지어다

148:5 그것들이 여호와의 이름을 찬양함은 그가 명령하시므로 지음을 받았음이로다

148:7 너희 용들과 바다여 땅에서 여호와를 찬양하라

148:13 여호와의 이름을 찬양할지어다 그의 이름이 홀로 높으시며 그의 영광이 땅과 하늘 위에 뛰어나심이로다

149:1 할렐루야 새 노래로 여호와께 노래하며 성도의 모임 가운데에서 찬양할지어다

149:4 여호와께서는 자기 백성을 기뻐하시며 겸손한 자를 구원으로 아름답게 하심이로다

150:6 호흡이 있는 자마다 여호와를 찬양할지어다 할렐루야

말씀연결 중심내용

대상 5-6 요단 동편에서 땅을 분배받은 루우벤, 갓, 므낫세 반 지파의 자손들에 대해 기록하고 있습니다. 그들은 하나님의 도우심 속에서 요단 동편의 족속들을 물리치고, 그 땅을 차지할 수 있었습니다. 그러나 하나님의 도우심과 은혜를 잊고 하나님께 범죄하여 우상을 섬겼고, 결국 하나님의 심판으로 앗수르에 사로잡혀 가고 말았습니다. 그리고 하나님의 심판으로 아직까지 돌아오지 못했다는 것을 보여줍니다.

히 10 새로운 살 길을 보여주는데, 대제사장 되신 예수 그리스도께서 하나님의 뜻을 따라 그 몸을 단번에 드리심으로 우리가 죄를 씻고 거룩할 수 있게 됐다는 것입니다. 예수 그리스도의 피를 힘입어 성소에 들어가 담대히 하나님을 만나고, 이를 통해 열어 놓으신 새로운 살 길, 곧 새 생명의 길을 걸어갈 수 있게 됐다는 것을 보여줍니다.

암 4 하나님은 그 백성들을 기뻐하시고 구원하기를 원하시는데, 그 백성들은 하나님을 떠나 우상을 섬기며 범죄하였고, 돌아오기를 바라시는 하나님의 기다림에도 돌이키지 않았다는 것입니다. 하나님은 백성들이 깨닫고 회개하기를 바라며 재앙을 내리셨습니다. 재앙으로 인한 고난을 통해 그들의 죄를 깨닫고 돌이키기를 바라신 것입니다. 그러나 그 백성들이 돌이키지 않았다는 것을 보여줍니다.

시 148-150 하나님은 자기 백성을 기뻐하신다는 것입니다. 그들을 구원하여 아름답게 하시기를 원하신다는 것을 말씀하고 있습니다.

말씀묵상

하나님의 큰 사랑으로 용서하시고, 다시 기회 주시기를 구해야 합니다. 바라고 소망할 것은 하나님의 은혜밖에 없습니다.

말씀적용 오늘의 감사

말씀적용

오늘의 감사

믿음으로 감사

소망으로 감사

사랑으로 감사

말씀암송

시 149:4 여호와께서는 자기 백성을 [ ][ ]하시며 겸손한 자를 [ ][ ]으로 아름답게 하심이로다

말씀기도

❶ 하나님의 기쁨이 되는 백성이요, 겸손함으로 하나님의 구원의 아름다움을 경험하는 백성이 되게 하소서.
❷ 돌이키기를 바라며 기다리시는 하나님의 뜻과 사인을 깨닫고, 날마다 하나님께 돌아가는 삶을 살게 하소서.
❸ 예수 그리스도의 피를 힘입어 담대히 하나님 앞에 나아가고, 새 생명의 길을 걸어가게 하소서.

말씀배경 지식

앗수르 왕 불 (대상 5:26)

즉위하기 전의 디글랏빌레셀의 이름이다. 그러므로 본 절에 대해서는 "하나님이 불의 마음, 곧 디글랏빌레셀의 마음을 일으키시매"라고 읽어야 한다.

320 일차 / 365

11월 16일

하나님을 기쁘시게 하는 삶

역대상 7-8장 | 히브리서 11장 | 아모스 5장 | 누가복음 1장 1-38절

역대상 7-8장 | 위로를 통한 기쁨

7:20 에브라임의 아들은 수델라요 그의 아들은 베렛이요 그의 아들은 다핫이요
그의 아들은 엘르아다요 그의 아들은 다핫이요

7:21 그의 아들은 사밧이요 그의 아들은 수델라며 그가 또 에셀과 엘르앗을 낳았
으나 그들이 가드 원주민에게 죽임을 당하였으니 이는 그들이 내려가서 가드 사
람의 짐승을 빼앗고자 하였음이라

7:22 그의 아버지 에브라임이 여러 날 슬퍼하므로 그의 형제가 가서 위로하였더
라

7:23 그리고 에브라임이 그의 아내와 동침하매 임신하여 아들을 낳으니 그 집이
재앙을 받았으므로 그의 이름을 브리아라 하였더라

히브리서 11장 | 믿음을 통한 기쁨

11:1 믿음은 바라는 것들의 실상이요 보이지 않는 것들의 증거니

11:2 선진들이 이로써 증거를 얻었느니라

11:3 믿음으로 모든 세계가 하나님의 말씀으로 지어진 줄을 우리가 아나니 보이
는 것은 나타난 것으로 말미암아 된 것이 아니니라

11:5 믿음으로 에녹은 죽음을 보지 않고 옮겨졌으니 하나님이 그를 옮기심으로
다시 보이지 아니하였느니라 그는 옮겨지기 전에 하나님을 기쁘시게 하는 자라
하는 증거를 받았느니라

11:6 믿음이 없이는 하나님을 기쁘시게 하지 못하나니 하나님께 나아가는 자는
반드시 그가 계신 것과 또한 그가 자기를 찾는 자들에게 상 주시는 이심을 믿어
야 할지니라

11:40 이는 하나님이 우리를 위하여 더 좋은 것을 예비하셨은즉 우리가 아니면
그들로 온전함을 이루지 못하게 하려 하심이라

오늘의 찬양
나 주님의 기쁨되기 원하네

맥체인성경365
1807p

아모스 5장 | 공의를 통한 기쁨

5:4 여호와께서 이스라엘 족속에게 이와 같이 말씀하시기를 너희는 나를 찾으라 그리하면 살리라

5:14 너희는 살려면 선을 구하고 악을 구하지 말지어다 만군의 하나님 여호와께서 너희의 말과 같이 너희와 함께 하시리라

5:21 내가 너희 절기들을 미워하여 멸시하며 너희 성회들을 기뻐하지 아니하나니

5:22 너희가 내게 번제나 소제를 드릴지라도 내가 받지 아니할 것이요 너희의 살진 희생의 화목제도 내가 돌아보지 아니하리라

5:23 네 노랫소리를 내 앞에서 그칠지어다 네 비파 소리도 내가 듣지 아니하리라

5:24 오직 정의를 물 같이, 공의를 마르지 않는 강 같이 흐르게 할지어다

누가복음 1장 1-38절 | 사명을 통한 기쁨

1:6 이 두 사람이 하나님 앞에 의인이니 주의 모든 계명과 규례대로 흠이 없이 행하더라

1:13 천사가 그에게 이르되 사가랴여 무서워하지 말라 너의 간구함이 들린지라 네 아내 엘리사벳이 네게 아들을 낳아 주리니 그 이름을 요한이라 하라

1:14 너도 기뻐하고 즐거워할 것이요 많은 사람도 그의 태어남을 기뻐하리니

1:15 이는 그가 주 앞에 큰 자가 되며 포도주나 독한 술을 마시지 아니하며 모태로부터 성령의 충만함을 받아

1:16 이스라엘 자손을 주 곧 그들의 하나님께로 많이 돌아오게 하겠음이라

1:28 그에게 들어가 이르되 은혜를 받은 자여 평안할지어다 주께서 너와 함께 하시도다 하니

말씀연결 중심내용

대상 7-8 에브라임이 가드 원주민들에게 두 아들을 잃는 슬픔을 당하게 됩니다. 이 때에 그의 형제가 그를 찾아와 위로하였습니다. 아마도 이 위로가 그에게 소망과 용기가 되었던 것으로 보입니다. 그리고 하나님도 그를 위로하셨는데, 곧 그에게 '브리아'라는 새 아들을 주심으로 그의 슬픔과 아픔을 위로하셨습니다.

히 11 믿음이 없이는 하나님을 기쁘시게 하지 못한다고 말씀하십니다. 하나님을 기쁘시게 하기 위해서는 하나님을 향한 믿음이 반드시 있어야 한다는 것입니다. 노아, 아브라함, 이삭 야곱, 요셉 등 신앙의 선조들은 하나님을 기쁘시게 하는 믿음을 가지고 있었고, 각각 그 삶에서 믿음의 본을 나타내 보였다는 것을 보여줍니다.

암 5 공의로운 삶이 없이 형식적으로 지키는 절기와 하나님 앞에 드리는 제사를 하나님께서 기뻐하지 않으신다고 말씀하고 있습니다. 아무리 많은 제사와 값비싼 제물을 드린다고 할지라도 공의의 삶이 빠진 형식적 제사로는 결코 하나님을 기쁘시게 할 수 없다는 것입니다. 따라서 하나님은 형식적인 제사와 값비싼 제사 제물이 아니라 정의와 공의의 삶을 살아가라고 말씀하고 계신 것을 보여줍니다.

눅 1:1-38 앞으로 태어날 세례 요한에 대한 예언의 말씀입니다. 그의 태어남이 그의 아버지 사가랴 뿐만 아니라 많은 사람들의 기쁨이 되는데, 이는 그가 거룩함으로 주신 사명에 힘을 다해 이스라엘 자손들을 하나님께 돌아오게 하기 때문입니다. 이처럼 세례 요한의 삶이 사람들에게 기쁨이 됨을 말씀하고 있는데, 또한 그의 사명의 삶은 그에게 사명을 주신 하나님께도 큰 기쁨이 되는 것을 보여줍니다.

말씀묵상

형제의 아픔과 슬픔을 함께 아파하고 슬퍼하며 위로하는 삶은 하나님의 기쁨이 됩니다. 우리도 믿음의 선조들처럼 본을 따라 믿음을 보여야 합니다. 거룩함으로 사명을 감당하는 삶을 하나님께서도 기뻐하십니다.

말씀적용 오늘의 감사

말씀적용

오늘의 감사

믿음으로 감사

소망으로 감사

사랑으로 감사

말씀암송

히 11:6 ☐☐이 없이는 하나님을 기쁘시게 하지 못하나니 하나님께 나아가는 자는 반드시 그가 계신 것과 또한 그가 자기를 찾는 자들에게 ☐ 주시는 이심을 믿어야 할지니라

말씀기도

❶ 믿음과 의의 삶을 통해 하나님을 기쁘시게 하는 삶을 살게 하소서.
❷ 힘써 거룩함으로 하나님께서 맡기신 사명의 삶을 살게 하시고, 또한 이를 통해 하나님을 기쁘시게 하는 삶을 살게 하소서.
❸ 이웃의 아픔을 함께 아파하며 위로하는 삶을 살게 하소서.

말씀배경 지식

그는 옮겨지기 전에 하나님을 기쁘시게 하는 자라 하는 증거를 받았느니라 (히 11:5)

이것이 모든 참된 믿는 자의 목표가 되어야 하며, 믿음을 떠나서 하나님을 기쁘시게 하는 것은 불가능하다. 아벨은 하나님이 받으실 만한 제물을 드렸으며, 에녹은 하나님과의 중단되지 않은 교제의 생활을 했다. 노아는 하나님께서 세상을 심판하실 것임을 믿어 준비했으며, 이것이 그의 믿음 생활의 동기가 되었다. 노아는 그의 믿음의 증거로서 방주를 지었다.

321 일차 365

11월 17일

죄와 싸워야 합니다

역대상 9-10장 | 히브리서 12장 | 아모스 6장 | 누가복음 1장 39-80절

역대상 9-10장 | 죄로 인한 결과

9:1 온 이스라엘이 그 계보대로 계수되어 그들은 이스라엘 왕조실록에 기록되니
라 유다가 범죄함으로 말미암아 바벨론으로 사로잡혀 갔더니

10:1 블레셋 사람들과 이스라엘이 싸우더니 이스라엘 사람들이 블레셋 사람들
앞에서 도망하다가 길보아 산에서 죽임을 당하여 엎드러지니라

10:6 이와 같이 사울과 그의 세 아들과 그 온 집안이 함께 죽으니라

10:7 골짜기에 있는 모든 이스라엘 사람이 그들의 도망한 것과 사울과 그의 아들
들이 다 죽은 것을 보고 그 성읍들을 버리고 도망하매 블레셋 사람들이 와서 거
기에 거주하니라

10:13 사울이 죽은 것은 여호와께 범죄하였기 때문이라 그가 여호와의 말씀을
지키지 아니하고 또 신접한 자에게 가르치기를 청하고

10:14 여호와께 묻지 아니하였으므로 여호와께서 그를 죽이시고 그 나라를 이새
의 아들 다윗에게 넘겨 주셨더라

히브리서 12장 | 죄와 싸워야 함

12:1 이러므로 우리에게 구름 같이 둘러싼 허다한 증인들이 있으니 모든 무거운
것과 얽매이기 쉬운 죄를 벗어 버리고 인내로써 우리 앞에 당한 경주를 하며

12:2 믿음의 주요 또 온전하게 하시는 이인 예수를 바라보자 그는 그 앞에 있는
기쁨을 위하여 십자가를 참으사 부끄러움을 개의치 아니하시더니 하나님 보좌
우편에 앉으셨느니라

12:4 너희가 죄와 싸우되 아직 피흘리기까지는 대항하지 아니하고

12:10 그들은 잠시 자기의 뜻대로 우리를 징계하였거니와 오직 하나님은 우리
의 유익을 위하여 그의 거룩하심에 참여하게 하시느니라

12:28 그러므로 우리가 흔들리지 않는 나라를 받았은즉 은혜를 받자 이로 말미
암아 경건함과 두려움으로 하나님을 기쁘시게 섬길지니

오늘의 찬양
찬송가 359장 | 천성을 향해 가는 성도들아

맥체인성경365
1815p

아모스 6장 | 멀지 않은 심판

6:3 너희는 흉한 날이 멀다 하여 포악한 자리로 가까워지게 하고

6:7 그러므로 그들이 이제는 사로잡히는 자 중에 앞서 사로잡히리니 기지개 켜는
자의 떠드는 소리가 그치리라

6:8 만군의 하나님 여호와의 말씀이니라 주 여호와가 당신을 두고 맹세하셨노라
내가 야곱의 영광을 싫어하며 그 궁궐들을 미워하므로 이 성읍과 거기에 가득한
것을 원수에게 넘기리라 하셨느니라

6:14 만군의 하나님 여호와의 말씀이니라 이스라엘 족속아 내가 한 나라를 일으
켜 너희를 치리니 그들이 하맛 어귀에서부터 아라바 시내까지 너희를 학대하리
라 하셨느니라

누가복음 1장 39-80절 | 찬양의 삶

1:42 큰 소리로 불러 이르되 여자 중에 네가 복이 있으며 네 태중의 아이도 복이
있도다

1:46 마리아가 이르되 내 영혼이 주를 찬양하며

1:55 우리 조상에게 말씀하신 것과 같이 아브라함과 그 자손에게 영원히 하시리
로다 하니라

1:68 찬송하리로다 주 이스라엘의 하나님이여 그 백성을 돌보사 속량하시며

1:76 이 아이여 네가 지극히 높으신 이의 선지자라 일컬음을 받고 주 앞에 앞서
가서 그 길을 준비하여

1:77 주의 백성에게 그 죄 사함으로 말미암는 구원을 알게 하리니

말씀연결 중심내용

대상 9-10 사울 왕가의 멸망을 기록하고 있는데, 블레셋과의 전투에서 패배와 사울 왕을 비롯한 그의 세 아들의 죽음을 기록하고 있습니다. 이 죽음은 하나님을 떠난 결과였다는 것을 말하고 있습니다. 사울 왕이 하나님을 떠나 범죄하였고, 그 결과 심판을 맞이했다는 것입니다.

히 12 죄와 싸우지만 아직 피흘리기까지 싸우지 않았음을 말씀하며, 죄의 결과인 심판과 그 심판이 멀지 않았다는 사실을 기억하고 죄에 대해서는 생명을 걸고 피 흘리기까지 싸워야 한다는 사실을 가르치고 있습니다.

암 6 사마리아의 상류층들의 안일함과 방탕함을 지적하고 있는 말씀입니다. 그 당시 백성들은 하나님의 심판이 멀다고 생각했습니다. 지금 있을 일이 아니라 먼 훗날에 있을 일이라 생각하며 안일했고, 포악을 멈추지 않고 사치와 향락과 연락에 빠져 있었습니다. 이에 대해 하나님께서 이제는 그들이 사로잡히고 원수들의 손에 넘겨지게 될 것을 말씀하고 계십니다.

눅 1:39-80 마리아와 사가랴의 찬양이 기록되어 있는데, 하나님의 크고 놀라우신 역사와 비천하고 가난한 백성을 돌보시고 높이시는 은혜와 구원을 찬양하고 있습니다.

말씀묵상

하나님을 떠난 결과는 심판이라는 사실입니다. 어떤 희생이 따르더라도 죄와 싸워 이겨야 합니다. 죄와 싸워 이기고, 하나님의 은혜 속에서 승리와 구원을 경험하며, 또한 이를 통해 기쁨으로 하나님을 찬양하는 삶을 살아가야 합니다.

말씀적용 오늘의 감사

말씀적용

오늘의 감사

믿음으로 감사

소망으로 감사

사랑으로 감사

말씀암송

히 12:2 믿음의 ☐요 또 온전하게 하시는 이인 ☐☐를 바라보자 그는 그 앞에 있는 기쁨을 위하여 ☐☐☐를 참으사 부끄러움을 개의치 아니하시더니 하나님 보좌 ☐☐에 앉으셨느니라

말씀기도

❶ 심판이 멀었다는 안일한 생각을 버리고, 늦기 전에 죄에서 떠나 돌이키는 삶을 살게 하소서.

❷ 죄의 결과는 심판과 멸망이라는 사실을 깨닫고, 피 흘리기까지 죄와 싸워 이기게 하소서.

❸ 하나님의 크고 놀라운 역사를 깨닫게 하시고, 가난하고 비천한 백성을 돌보시고 높이시는 은혜와 구원을 경험하며, 힘써 찬양의 삶을 살게 하소서.

말씀배경 지식

하맛 어귀에서부터 아라바 시내까지 (암 6:14)

하맛은 팔레스틴 땅의 북쪽 경계이다(민 13:21). 아라바 시내는 에돔과 모압 사이를 통과하여 사해로 흘러드는 하천이다.

322 일차/365

11월 18일

다른 교훈에 끌리지 말아야 합니다

역대상 11-12장 | 히브리서 13장 | 아모스 7장 | 누가복음 2장

역대상 11-12장 | **말씀대로 세우심**

11:2 전에 곧 사울이 왕이 되었을 때에도 이스라엘을 거느리고 출입하게 한 자가 왕이시었고 왕의 하나님 여호와께서도 왕에게 말씀하시기를 네가 내 백성 이스라엘의 목자가 되며 내 백성 이스라엘의 주권자가 되리라 하셨나이다 하니라

11:3 이에 이스라엘의 모든 장로가 헤브론에 있는 왕에게로 나아가니 헤브론에서 다윗이 그들과 여호와 앞에 언약을 맺으매 그들이 다윗에게 기름을 부어 이스라엘의 왕으로 삼으니 여호와께서 사무엘을 통하여 전하신 말씀대로 되었더라

11:9 만군의 여호와께서 함께 계시니 다윗이 점점 강성하여 가니라

12:22 그 때에 사람이 날마다 다윗에게로 돌아와서 돕고자 하매 큰 군대를 이루어 하나님의 군대와 같았더라

12:23 싸움을 준비한 군대 지휘관들이 헤브론에 이르러 다윗에게로 나아와서 여호와의 말씀대로 사울의 나라를 그에게 돌리고자 하였으니 그 수효가 이러하였더라

히브리서 13장 | **다른 교훈에 끌리지 말아야 함**

13:4 모든 사람은 결혼을 귀히 여기고 침소를 더럽히지 않게 하라 음행하는 자들과 간음하는 자들을 하나님이 심판하시리라

13:5 돈을 사랑하지 말고 있는 바를 족한 줄로 알라 그가 친히 말씀하시기를 내가 결코 너희를 버리지 아니하고 너희를 떠나지 아니하리라 하셨느니라

13:8 예수 그리스도는 어제나 오늘이나 영원토록 동일하시니라

13:9 여러 가지 다른 교훈에 끌리지 말라 마음은 은혜로써 굳게 함이 아름답고 음식으로써 할 것이 아니니 음식으로 말미암아 행한 자는 유익을 얻지 못하였느니라

13:17 너희를 인도하는 자들에게 순종하고 복종하라 그들은 너희 영혼을 위하여 경성하기를 자신들이 청산할 자인 것 같이 하느니라 그들로 하여금 즐거움으로 이것을 하게 하고 근심으로 하게 하지 말라 그렇지 않으면 너희에게 유익이 없느니라

오늘의 찬양

찬송가 546장 | 주의 약속하신 말씀 위에 서

맥체인성경365
1822p

아모스 7장 | 말씀대로 멸하심

7:2 메뚜기가 땅의 풀을 다 먹은지라 내가 이르되 주 여호와여 청하건대 사하소
서 야곱이 미약하오니 어떻게 서리이까 하매

7:3 여호와께서 이에 대하여 뜻을 돌이키셨으므로 이것이 이루어지지 아니하리
라 여호와께서 말씀하셨느니라

7:6 주 여호와께서 이에 대하여 뜻을 돌이켜 주 여호와께서 이르시되 이것도 이
루지 아니하리라 하시니라

7:8 여호와께서 내게 이르시되 아모스야 네가 무엇을 보느냐 내가 대답하되 다
림줄이니이다 주께서 이르시되 내가 다림줄을 내 백성 이스라엘 가운데 두고 다
시는 용서하지 아니하리니

7:9 이삭의 산당들이 황폐되며 이스라엘의 성소들이 파괴될 것이라 내가 일어나
칼로 여로보암의 집을 치리라 하시니라

누가복음 2장 | 말씀대로 보내심

2:10 천사가 이르되 무서워하지 말라 보라 내가 온 백성에게 미칠 큰 기쁨의 좋은
소식을 너희에게 전하노라

2:11 오늘 다윗의 동네에 너희를 위하여 구주가 나셨으니 곧 그리스도 주시니라

2:17 보고 천사가 자기들에게 이 아기에 대하여 말한 것을 전하니

2:18 듣는 자가 다 목자들이 그들에게 말한 것들을 놀랍게 여기되

2:19 마리아는 이 모든 말을 마음에 새기어 생각하니라

2:21 할례할 팔 일이 되매 그 이름을 예수라 하니 곧 잉태하기 전에 천사가 일컬은
바러라

말씀연결 중심내용

대상 11-12 다윗이 이스라엘과 유다의 왕이 되었음과 다윗의 용사들을 보여주고 있습니다. 또 각 지파에서 다윗을 도운 용사들을 말하고 있는데 이 모든 것이 하나님께서 사무엘을 통해 전하신 말씀대로 이루어졌다는 것입니다.

히 13 하나님이 기뻐하시는 제사는 하나님의 말씀대로 반드시 이루어짐을 깨닫고, 다른 교훈에 유혹되고 넘어지지 않는 것입니다. 절대적으로 하나님의 말씀만을 붙잡고 형제들을 사랑으로 대접하며 용납하라고 말씀하십니다.

암 7 아모스에게 보여주신 다림줄 환상으로 이스라엘이 우상을 숭배하고 죄악을 행하여 하나님의 의의 기준에서 크게 벗어났다고 말합니다. 메뚜기 재앙과 큰 불의 환상을 통한 심판의 계획은 아모스 선지자의 간절한 기도로 하나님께서 그 심판의 뜻을 돌이키셨지만, 끝까지 죄에서 돌이키지 않아 다시는 용서하지 않으시고 심판하시겠다고 말씀하시고 그 말씀대로 하나님은 이스라엘과 그 왕을 멸하셨습니다.

눅 2 천사가 목자들에게 예수 그리스도의 탄생을 전하는 말씀입니다. 구원자이신 예수 그리스도의 이 땅에 오심은 하나님의 약속이었습니다. 백성들은 암울한 중에서도 메시야의 오심을 기다리며 소망을 가졌는데, 하나님께서 선지자들을 통해 주신 말씀대로 메시야이신 예수님을 이 땅에 보내셨다는 것을 보여줍니다.

말씀묵상

하나님의 말씀은 반드시 이루어지며 하나님은 말씀대로 세우십니다. 하나님의 심판을 안일하게 생각하지 말고 속히 돌이켜야 합니다. 말씀대로 심판이 이루어지기 전에 회개해야 합니다. 말씀대로 세우시고 말씀대로 보내시기에 인내하며 고난과 역경 속에서도 말씀을 붙잡고 포기하지 않아야 합니다. 하나님의 구원과 축복을 말씀을 믿고 기다려야 합니다.

말씀적용 오늘의 감사

말씀적용

오늘의 감사

믿음으로 감사

소망으로 감사

사랑으로 감사

말씀암송

눅 2:11 오늘 다윗의 동네에 너희를 위하여 [ ][ ]가 나셨으니 곧 그리스도 [ ]시니라

말씀기도

❶ 말씀대로 세우시고 구원하심을 기억하며, 말씀을 붙들고 끝까지 인내하며 소망의 삶을 살게 하소서.
❷ 말씀대로 심판하심을 기억하고, 하나님의 의의 기준에서 멀어진 것은 없는지 항상 살피고 늦기 전에 돌이키게 하소서.
❸ 다른 교훈에 끌려 어리석게 넘어지지 않게 하시고, 끝까지 하나님의 말씀만 붙들게 하소서.

말씀배경 지식

산당 (암 7:9)

이스라엘 백성들은 소위 높은 곳들(자연으로 이루어진 산들이나 인공으로 만들어 놓은 언덕들) 위에서 제사를 드렸다. 다른 열방들도 역시 높은 곳 위에서 제사를 드리곤 하였다(신 12:2, 사 14:2, 16:12). 결국 높은 곳들은 그곳에서 행해지는 이방의 우상숭배와 함께 이스라엘을 부패하게 만들었다(왕상 12:31-33, 13:32-34).

323 일차 365

11월 19일

하나님의 심판이 임박함

역대상 13-14장 | 야고보서 1장 | 아모스 8장 | 누가복음 3장

역대상 13-14장 | 주님과의 교제에 힘써야 함

13:3 우리가 우리 하나님의 궤를 우리에게로 옮겨오자 사울 때에는 우리가 궤 앞
에서 묻지 아니하였느니라 하매

13:10 웃사가 손을 펴서 궤를 붙듦으로 말미암아 여호와께서 진노하사 치시매
그가 거기 하나님 앞에서 죽으니라

14:10 다윗이 하나님께 물어 이르되 내가 블레셋 사람들을 치러 올라가리이까
주께서 그들을 내 손에 넘기시겠나이까 하니 여호와께서 그에게 이르시되 올라
가라 내가 그들을 네 손에 넘기리라 하신지라

14:14 다윗이 또 하나님께 묻자온대 하나님이 이르시되 마주 올라가지 말고 그
들 뒤로 돌아 뽕나무 수풀 맞은편에서 그들을 기습하되

14:15 뽕나무 꼭대기에서 걸음 걷는 소리가 들리거든 곧 나가서 싸우라 너보다
하나님이 앞서 나아가서 블레셋 사람들의 군대를 치리라 하신지라

야고보서 1장 | 시험을 이겨야 함

1:4 인내를 온전히 이루라 이는 너희로 온전하고 구비하여 조금도 부족함이 없
게 하려 함이라

1:5 너희 중에 누구든지 지혜가 부족하거든 모든 사람에게 후히 주시고 꾸짖지
아니하시는 하나님께 구하라 그리하면 주시리라

1:12 시험을 참는 자는 복이 있나니 이는 시련을 견디어 낸 자가 주께서 자기를
사랑하는 자들에게 약속하신 생명의 면류관을 얻을 것이기 때문이라

1:14 오직 각 사람이 시험을 받는 것은 자기 욕심에 끌려 미혹됨이니

1:15 욕심이 잉태한즉 죄를 낳고 죄가 장성한즉 사망을 낳느니라

1:20 사람이 성내는 것이 하나님의 의를 이루지 못함이라

오늘의 찬양
찬송가 324장 | 예수 나를 오라 하네

맥체인성경365
1830p

아모스 8장 | 임박한 심판

8:2 그가 말씀하시되 아모스야 네가 무엇을 보느냐 내가 이르되 여름 과일 한 광주리니이다 하매 여호와께서 내게 이르시되 내 백성 이스라엘의 끝이 이르렀은즉 내가 다시는 그를 용서하지 아니하리니

8:7 여호와께서 야곱의 영광을 두고 맹세하시되 내가 그들의 모든 행위를 절대로 잊지 아니하리라 하셨나니

8:10 너희 절기를 애통으로, 너희 모든 노래를 애곡으로 변하게 하며 모든 사람에게 굵은 베로 허리를 동이게 하며 모든 머리를 대머리가 되게 하며 독자의 죽음으로 말미암아 애통하듯 하게 하며 결국은 곤고한 날과 같게 하리라

8:11 주 여호와의 말씀이니라 보라 날이 이를지라 내가 기근을 땅에 보내리니 양식이 없어 주림이 아니며 물이 없어 갈함이 아니요 여호와의 말씀을 듣지 못한 기갈이라

8:13 그 날에 아름다운 처녀와 젊은 남자가 다 갈하여 쓰러지리라

누가복음 3장 | 회개에 합당한 열매를 맺어야함

3:3 요한이 요단 강 부근 각처에 와서 죄 사함을 받게 하는 회개의 세례를 전파하니

3:8 그러므로 회개에 합당한 열매를 맺고 속으로 아브라함이 우리 조상이라 말하지 말라 내가 너희에게 이르노니 하나님이 능히 이 돌들로도 아브라함의 자손이 되게 하시리라

3:9 이미 도끼가 나무 뿌리에 놓였으니 좋은 열매 맺지 아니하는 나무마다 찍혀 불에 던져지리라

3:11 대답하여 이르되 옷 두 벌 있는 자는 옷 없는 자에게 나눠 줄 것이요 먹을 것이 있는 자도 그렇게 할 것이니라 하고

3:12 세리들도 세례를 받고자 하여 와서 이르되 선생이여 우리는 무엇을 하리이까 하매

3:13 이르되 부과된 것 외에는 거두지 말라 하고

3:14 군인들도 물어 이르되 우리는 무엇을 하리이까 하매 이르되 사람에게서 강탈하지 말며 거짓으로 고발하지 말고 받는 급료를 족한 줄로 알라 하니라

말씀연결 중심내용

대상 13-14 블레셋의 침략에도 다윗은 두려워하거나 근심하지 않았습니다. 그는 하나님께 묻고 기도하며 끊임없이 교제하고 있었고, 그 속에서 하나님은 다윗과 그 백성들을 인도하여 블레셋을 물리치고 승리하게 하셨습니다. 그렇게 주님과 교제하는 삶을 살아갈 때, 승리의 삶을 살아갈 수 있다는 것을 보여줍니다.

약 1 믿음의 삶에서 오는 시련의 시험을 참고 이겨야 한다고 말합니다. 그래야 심판을 피하고 생명의 면류관을 얻게 된다는 것입니다. 믿음의 삶에서 유혹의 시험도 있습니다. 이 유혹에 넘어가지 말고 이겨야 합니다. 그래야 임박한 심판을 피할 수 있다는 것을 보여줍니다.

암 8 아모스가 본 여름 과일 한 광주리에 대한 환상의 말씀입니다. 당시 이스라엘 백성들은 하나님의 심판은 임하지 않는다고 생각했고, 심판이 임한다 할지라도 먼 훗날의 이야기라고 생각했습니다. 이에 대해 하나님은 선지자 아모스를 통해서 하나님의 심판이 임박했음을 선포하신 것입니다.

눅 3 세례 요한의 외침으로, 그에게 세례를 받으러 나온 무리들에게 무엇보다 중요한 것이 회개이며, 또한 그 회개에 대한 열매를 맺어야 함을 선포한 말씀입니다. 곧 구체적인 변화의 삶을 살아야 한다는 것입니다. 옷 두 벌 있는 자는 옷 없는 자에게 나눠 주고, 먹을 것이 있는 자들도 그렇게 하고, 세리들은 정한 세 외에는 부과하지 않으며, 군인들은 사람에게 강탈하지 말고 받는 급료로 족한 줄 알아야 한다고 말합니다.

말씀묵상

임박한 심판도 주님과 끊임없이 교제하며 살아갈 때, 주님의 인도하심이 있고 승리하심이 있습니다. 임박한 심판을 기억하며 시험을 이겨야 합니다. 회개하여 하나님 앞에 돌아설 뿐만 아니라, 찾아오는 시험을 이겨 넘어지지 말아야 합니다. 임박한 심판을 기억하며 무엇보다 힘써야 하는 것은 회개입니다.

말씀적용 오늘의 감사

말씀적용

오늘의 감사

믿음으로 감사

소망으로 감사

사랑으로 감사

말씀암송

약 1:15 ☐☐이 잉태한즉 ☐를 낳고 ☐가 장성한즉 ☐☐을 낳느니라

말씀기도

❶ 회개에 합당한 구체적 열매를 맺으며, 변화의 삶이요 주님이 기뻐하시는 삶을 살아가게 하소서.

❷ 믿음의 시련은 인내하여 이기고, 믿음의 유혹은 피하여 이기게 하셔서, 더욱 성숙한 믿음의 사람으로 세워지고, 약속하신 생명의 면류관을 얻게 하소서.

❸ 끊임없이 주님과 기도하며 교제의 삶을 살게 하시고 이를 통해 주의 인도하심 속에 승리의 삶을 열어가게 하소서.

말씀배경 지식

욕심.. 사망
(약 1:15)

악한 욕망이 마음에서 일어날 때 그것은 그곳에서 멈추지 않는다. 욕심에 의해 죄가 생겨나고 죄는 사망을 낳는다. 따라서 사망은 죄의 익은 혹은 완성된 산물이다. 여기서의 사망은 하나님께서 그를 사랑하는 자들에게(1:12) 주시는 생명과 대조를 이루는 '영적 죽음'이다.

324 일차 365

11월 20일

하나님 사랑 이웃 사랑

역대상 15장 | 야고보서 2장 | 아모스 9장 | 누가복음 4장

역대상 15장 | 하나님을 경외하며 사랑하는 삶

15:2 다윗이 이르되 레위 사람 외에는 하나님의 궤를 멜 수 없나니 이는 여호와께서 그들을 택하사 여호와의 궤를 메고 영원히 그를 섬기게 하셨음이라 하고

15:12 그들에게 이르되 너희는 레위 사람의 지도자이니 너희와 너희 형제는 몸을 성결하게 하고 내가 마련한 곳으로 이스라엘의 하나님 여호와의 궤를 메어 올리라

15:15 모세가 여호와의 말씀을 따라 명령한 대로 레위 자손이 채에 하나님의 궤를 꿰어 어깨에 메니라

15:25 이에 다윗과 이스라엘 장로들과 천부장들이 가서 여호와의 언약궤를 즐거이 메고 오벧에돔의 집에서 올라왔는데

15:26 하나님이 여호와의 언약궤를 멘 레위 사람을 도우셨으므로 무리가 수송아지 일곱 마리와 숫양 일곱 마리로 제사를 드렸더라

야고보서 2장 | 이웃 사랑의 삶

2:8 너희가 만일 성경에 기록된 대로 네 이웃 사랑하기를 네 몸과 같이 하라 하신 최고의 법을 지키면 잘하는 것이거니와

2:9 만일 너희가 사람을 차별하여 대하면 죄를 짓는 것이니 율법이 너희를 범법자로 정죄하리라

2:14 내 형제들아 만일 사람이 믿음이 있노라 하고 행함이 없으면 무슨 유익이 있으리요 그 믿음이 능히 자기를 구원하겠느냐

2:17 이와 같이 행함이 없는 믿음은 그 자체가 죽은 것이라

2:22 네가 보거니와 믿음이 그의 행함과 함께 일하고 행함으로 믿음이 온전하게 되었느니라

2:24 이로 보건대 사람이 행함으로 의롭다 하심을 받고 믿음으로만은 아니니라

2:26 영혼 없는 몸이 죽은 것 같이 행함이 없는 믿음은 죽은 것이니라

오늘의 찬양
찬송가 92장 | 위에 계신 나의 친구

맥체인성경365
1836p

아모스 9장 | 하나님의 구원의 회복

9:8 보라 주 여호와의 눈이 범죄한 나라를 주목하노니 내가 그것을 지면에서 멸
하리라 그러나 야곱의 집은 온전히 멸하지는 아니하리라 여호와의 말씀이니라

9:11 그 날에 내가 다윗의 무너진 장막을 일으키고 그것들의 틈을 막으며 그 허
물어진 것을 일으켜서 옛적과 같이 세우고

9:14 내가 내 백성 이스라엘이 사로잡힌 것을 돌이키리니 그들이 황폐한 성읍을
건축하여 거주하며 포도원들을 가꾸고 그 포도주를 마시며 과원들을 만들고 그
열매를 먹으리라

9:15 내가 그들을 그들의 땅에 심으리니 그들이 내가 준 땅에서 다시 뽑히지 아
니하리라 네 하나님 여호와의 말씀이니라

누가복음 4장 | 예수님의 구원의 사역

4:1 예수께서 성령의 충만함을 입어 요단 강에서 돌아오사 광야에서 사십 일 동안
성령에게 이끌리시며

4:14 예수께서 성령의 능력으로 갈릴리에 돌아가시니 그 소문이 사방에 퍼졌고

4:18 주의 성령이 내게 임하셨으니 이는 가난한 자에게 복음을 전하게 하시려고 내
게 기름을 부으시고 나를 보내사 포로 된 자에게 자유를, 눈 먼 자에게 다시 보게 함
을 전파하며 눌린 자를 자유롭게 하고

4:43 예수께서 이르시되 내가 다른 동네들에서도 하나님의 나라 복음을 전하여야
하리니 나는 이 일을 위해 보내심을 받았노라 하시고

4:44 갈릴리 여러 회당에서 전도하시더라

말씀연결 중심내용

대상 15 다윗이 한 번의 실패를 딛고 하나님의 언약궤를 왕궁 옆 마련한 처소에 옮기는 말씀입니다. 첫 번째는 어리석게 수레에 실어 옮기고자 했다가 실패했지만, 다시 율법대로 레위인들을 거룩히 선별하여 궤를 어깨에 메어 옮기게 됩니다. 그리고 다윗은 언약궤가 다윗 성으로 들어올 때에 너무도 큰 기쁨에 춤을 추었습니다.

약 2 하나님께서 가난한 자들을 특별히 택하시고 은혜 베푸셨음을 깨달으며, 가난한 자들을 차별하지 말아야 한다는 것을 보여줍니다.

암 9 죄로 인해 심판하셨으나, 크신 사랑으로 다시 회복하심을 보여줍니다. 그 날에 하나님께서 다윗의 무너진 장막을 일으키고 옛적과 같이 세우신다고 말씀하십니다. 여기서 하나님의 큰 은혜와 그 백성을 향한 특별한 사랑을 보게 됩니다. 열국은 그 죄에 따라 온전히 멸하지만 야곱의 집은 온전히 멸하지는 않으신다는 것을 보여줍니다.

눅 4 예수님께서 시험을 받으신 후에 하나님의 나라와 그 은혜의 복음을 전하셨습니다. 예수님께 나온 백성들의 질병을 치료하시고, 귀신들린 사람을 고치시며 그 고통에서 건지셨습니다. 그 자라나신 동네 나사렛에서는 사람들에게 배척받고 생명의 위협까지 받으셨지만, 그런 것에 아랑곳 하지 않으시고 힘을 다해 복음 사역에 매진하셨습니다.

말씀묵상

하나님의 놀라운 사랑과 은혜를 통한 구원의 회복과 사역을 기억할 때, 우리가 힘써 하나님을 사랑함이 마땅합니다. 하나님을 경외하며 섬기는 일에 온 마음을 다해야 합니다. 예수님의 헌신적인 구원 사역을 기억하며 하나님 사랑뿐만 아니라 이웃 사랑의 삶을 살아가야 합니다.

말씀적용 오늘의 감사

말씀적용

오늘의 감사

믿음으로 감사

소망으로 감사

사랑으로 감사

말씀암송

암 9:15 내가 그들을 그들의 ☐에 심으리니 그들이 내가 준 ☐에서 다시 뽑히지 아니하리라 네 하나님 여호와의 ☐☐이니라

말씀기도

1. 구원 사역을 이루어 가신 예수님의 삶에 감사할 뿐만 아니라, 그 사역의 삶을 본받아 우리도 주어진 사역에 최선을 다하게 하소서.
2. 하나님을 사랑하여 다윗처럼 하나님 앞에서 기쁨으로 춤추는 삶을 살게 하소서.
3. 하나님으로부터 받은 놀라운 사랑을 기억하며, 그 사랑을 이웃 사랑의 실천으로 이어가게 하소서.

말씀배경 지식

하나님의 나라 (눅 4:43)

메시야를 통한 하나님의 영역과 통치는 구주의 선포의 주제였다. 그의 윤리, 그의 행동, 그의 구속 사역, 그의 재림의 약속 등 이 모든 것들은 바로 그 주제의 범위 안에 속한다. 예수 시대의 유대인 백성들에게 있어서 왕국이란 주로 이스라엘 독립의 회복을 의미하는 것으로 생각했다. 그러나 예수께서는 그것을 훨씬 더 완전한 취지로 말씀하신 것이다.

325 일차 365

11월 21일

입술에 아름다운 열매를 맺어야 합니다

역대상 16장 | 야고보서 3장 | 오바댜 1장 | 누가복음 5장

역대상 16장 | 감사와 찬양의 말을 해야함

16:1 하나님의 궤를 메고 들어가서 다윗이 그것을 위하여 친 장막 가운데에 두고 번제와 화목제를 하나님께 드리니라

16:2 다윗이 번제와 화목제 드리기를 마치고 여호와의 이름으로 백성에게 축복하고

16:7 그 날에 다윗이 아삽과 그의 형제를 세워 먼저 여호와께 감사하게 하여 이르기를

16:8 너희는 여호와께 감사하며 그의 이름을 불러 아뢰며 그가 행하신 일을 만민 중에 알릴지어다

16:9 그에게 노래하며 그를 찬양하고 그의 모든 기사를 전할지어다

16:43 이에 뭇 백성은 각각 그 집으로 돌아가고 다윗도 자기 집을 위하여 축복하려고 돌아갔더라

야고보서 3장 | 말을 제어해야 함

3:2 우리가 다 실수가 많으니 만일 말에 실수가 없는 자라면 곧 온전한 사람이라 능히 온 몸도 굴레 씌우리라

3:3 우리가 말들의 입에 재갈 물리는 것은 우리에게 순종하게 하려고 그 온 몸을 제어하는 것이라

3:6 혀는 곧 불이요 불의의 세계라 혀는 우리 지체 중에서 온 몸을 더럽히고 삶의 수레바퀴를 불사르나니 그 사르는 것이 지옥 불에서 나느니라

3:8 혀는 능히 길들일 사람이 없나니 쉬지 아니하는 악이요 죽이는 독이 가득한 것이라

3:9 이것으로 우리가 주 아버지를 찬송하고 또 이것으로 하나님의 형상대로 지음을 받은 사람을 저주하나니

3:10 한 입에서 찬송과 저주가 나오는도다 내 형제들아 이것이 마땅하지 아니하니라

오늘의 찬양
찬송가 420장 | 너 성결키 위해

맥체인성경365
1841p

오바댜 1장 | 겸손과 위로의 말을 해야 함

1:3 너의 마음의 교만이 너를 속였도다 바위 틈에 거주하며 높은 곳에 사는 자여
네가 마음에 이르기를 누가 능히 나를 땅에 끌어내리겠느냐 하니

1:8 여호와의 말씀이니라 그 날에 내가 에돔에서 지혜 있는 자를 멸하며 에서의
산에서 지각 있는 자를 멸하지 아니하겠느냐

1:12 네가 형제의 날 곧 그 재앙의 날에 방관할 것이 아니며 유다 자손이 패망하
는 날에 기뻐할 것이 아니며 그 고난의 날에 네가 입을 크게 벌릴 것이 아니며

1:21 구원 받은 자들이 시온 산에 올라와서 에서의 산을 심판하리니 나라가 여
호와께 속하리라

누가복음 5장 | 회개와 믿음의 말을 해야 함

5:4 말씀을 마치시고 시몬에게 이르시되 깊은 데로 가서 그물을 내려 고기를 잡으
라

5:5 시몬이 대답하여 이르되 선생님 우리들이 밤이 새도록 수고하였으되 잡은 것
이 없지마는 말씀에 의지하여 내가 그물을 내리리이다 하고

5:8 시몬 베드로가 이를 보고 예수의 무릎 아래에 엎드려 이르되 주여 나를 떠나소
서 나는 죄인이로소이다 하니

5:20 예수께서 그들의 믿음을 보시고 이르시되 이 사람아 네 죄 사함을 받았느니라
하시니

5:27 그 후에 예수께서 나가사 레위라 하는 세리가 세관에 앉아 있는 것을 보시고
나를 따르라 하시니

5:28 그가 모든 것을 버리고 일어나 따르니라

말씀연결 중심내용

대상 16 다윗이 언약궤를 성소 안에 두고 레위인들을 세워 언약궤 앞에서 사역하며 여호와께 감사의 찬양을 하게 하였습니다. 아삽과 그의 형제들을 세워 찬양단을 조직하였고 그들로 하나님을 찬양하게 하는 것을 보여줍니다.

약 3 말에 실수하지 않을 수 있다면 온전한 사람이라고 말합니다. 그만큼 사람의 연약함은 말의 실수를 통해 나타난다는 것입니다. 따라서 힘써 혀를 제어하고 길들여야 함을 교훈하고 있는데, 우리의 입술에서 악하고 독한 말이 나오지 않게 해야 한다는 것을 보여줍니다.

옵 1 오바댜서는 하나님께서 에돔을 향하신 심판의 말씀입니다. 그런데 하나님께서 에돔을 심판하시는 이유가 그 마음에 교만함 때문이었습니다. 높은 바위 위에 성을 세워 살았던 에돔은 누구도 자신들의 성읍을 무너뜨릴 수 없다고 교만했습니다. 또한 에돔이 유다가 멸망할 때에, 유다 백성들에게 포악을 행하며, 기뻐하고 조롱하며 악한 말을 했기 때문입니다.

눅 5 밤새도록 한 마리의 고기도 잡지 못하고 실패를 겪었던 베드로였지만, 깊은 데로 가서 그물을 내려 고기를 잡으라는 예수님의 말씀에 그는 믿음으로 응답해 믿음의 고백을 했습니다. 그리고 그 결과 그물이 찢어질 만큼의 심히 많은 고기를 잡았습니다. 상상할 수 없는 고기를 수확한 베드로는 그 수확에 취하지 않았습니다. 오히려 예수님의 주님 되심과 그 주님 앞에 죄인인 자신을 보았습니다. 그리고 자신의 죄인 됨을 고백했습니다.

말씀묵상

우리 입에서 나오는 말을 하나님을 찬송하는 말과 감사하는 말로 채워가야 합니다. 겸손함으로 하나님의 은혜를 구하는 말을 해야 하고, 이웃의 고통에 조롱이 아니라 위로의 말을 해야 합니다. 베드로의 고백을 통해 우리가 주님 앞에 드려야 하는 고백이 회개와 믿음의 고백임을 생각할 수 있습니다.

말씀적용 오늘의 감사

말씀적용

오늘의 감사

믿음으로 감사

소망으로 감사

사랑으로 감사

말씀암송

대상 16:8 너희는 [ ][ ][ ]께 감사하며 그의 [ ][ ]을 불러 아뢰며 그가 행하신 일을 [ ][ ] 중에 알릴지어다

말씀기도

❶ 오직 우리의 입술이 우리를 구원하시고 놀라운 일을 행하신 하나님을 찬양하고 감사하는 일에 사용되게 하소서.

❷ 이웃의 아픔에 공감하며 따뜻한 말로 위로하며 격려할 수 있는 넉넉한 마음을 주소서.

❸ 주의 말씀과 명령에 부정적 생각을 버리고 믿음의 말로 응답하게 하소서.

말씀배경 지식

나라가 여호와께 속하리라 (옵 1:21)

포로지에서부터 본토로 귀환할 자들은 하나님께서 직접 통치하는 신정 통치(theocratic government) 아래 놓이게 될 것이다. 여호와 하나님께서는 이스라엘을 지배하시는 왕이 되실 것이고 시온 산으로부터 이 세계를 지배하실 것이라는 사상은 오바댜와 그 밖의 선지자들의 큰 비전이었다(슥 14:9-11).

326 일차 / 365

11월 22일

이렇게 기도해야 합니다

역대상 17장 | 야고보서 4장 | 요나 1장 | 누가복음 6장

역대상 17장 | 소망하며 기도해야 함

17:16 다윗 왕이 여호와 앞에 들어가 앉아서 이르되 여호와 하나님이여 나는 누구이오며 내 집은 무엇이기에 나에게 이에 이르게

17:19 여호와여 주께서 주의 종을 위하여 주의 뜻대로 이 모든 큰 일을 행하사 이 모든 큰 일을 알게 하셨나이다

17:20 여호와여 우리 귀로 들은 대로는 주와 같은 이가 없고 주 외에는 하나님이 없나이다

17:23 여호와여 이제 주의 종과 그의 집에 대하여 말씀하신 것을 영원히 견고하게 하시며 말씀하신 대로 행하사

17:25 나의 하나님이여 주께서 종을 위하여 왕조를 세우실 것을 이미 듣게 하셨으므로 주의 종이 주 앞에서 이 기도로 간구할 마음이 생겼나이다

야고보서 4장 | 정직하게 구해야 함

4:2 너희는 욕심을 내어도 얻지 못하여 살인하며 시기하여도 능히 취하지 못하므로 다투고 싸우는도다 너희가 얻지 못함은 구하지 아니하기 때문이요

4:3 구하여도 받지 못함은 정욕으로 쓰려고 잘못 구하기 때문이라

4:8 하나님을 가까이하라 그리하면 너희를 가까이하시리라 죄인들아 손을 깨끗이 하라 두 마음을 품은 자들아 마음을 성결하게 하라

4:13 들으라 너희 중에 말하기를 오늘이나 내일이나 우리가 어떤 도시에 가서 거기서 일 년을 머물며 장사하여 이익을 보리라 하는 자들아

4:14 내일 일을 너희가 알지 못하는도다 너희 생명이 무엇이냐 너희는 잠깐 보이다가 없어지는 안개니라

오늘의 찬양
찬송가 361장 | 기도하는 이 시간

맥체인성경365
1847p

요나 1장 | 깨닫고 기도해야 함

1:1 여호와의 말씀이 아밋대의 아들 요나에게 임하니라 이르시되

1:2 너는 일어나 저 큰 성읍 니느웨로 가서 그것을 향하여 외치라 그 악독이 내
앞에 상달되었음이니라 하시니라

1:14 무리가 여호와께 부르짖어 이르되 여호와여 구하고 구하오니 이 사람의 생
명 때문에 우리를 멸망시키지 마옵소서 무죄한 피를 우리에게 돌리지 마옵소서
주 여호와께서는 주의 뜻대로 행하심이니이다 하고

1:15 요나를 들어 바다에 던지매 바다가 뛰노는 것이 곧 그친지라

1:16 그 사람들이 여호와를 크게 두려워하여 여호와께 제물을 드리고 서원을 하
였더라

누가복음 6장 | 먼저 기도해야 함

6:12 이 때에 예수께서 기도하시러 산으로 가사 밤이 새도록 하나님께 기도하시고

6:17 예수께서 그들과 함께 내려오사 평지에 서시니 그 제자의 많은 무리와 예수의
말씀도 듣고 병 고침을 받으려고 유대 사방과 예루살렘과 두로와 시돈의 해안으로
부터 온 많은 백성도 있더라

6:20 예수께서 눈을 들어 제자들을 보시고 이르시되 너희 가난한 자는 복이 있나니
하나님의 나라가 너희 것임이요

6:21 지금 주린 자는 복이 있나니 너희가 배부름을 얻을 것임이요 지금 우는 자는
복이 있나니 너희가 웃을 것임이요

6:22 인자로 말미암아 사람들이 너희를 미워하며 멀리하고 욕하고 너희 이름을 악
하다 하여 버릴 때에는 너희에게 복이 있도다

말씀연결 중심내용

대상 17 다윗은 하나님의 성전을 짓고자 하는 거룩한 마음을 가졌습니다. 이에 대해 하나님은 비록 다윗의 뜻은 거절하셨지만, 그 마음은 기쁘게 받으셔서 다윗을 축복하여 존귀하게 세우시고, 그의 후손들이 왕위를 견고히 이어 왕조를 세우실 것을 약속하셨습니다. 또한 성전도 그 아들을 통해 건축하게 할 것을 말씀하셨습니다. 이런 하나님의 약속을 받은 다윗은 그 약속을 붙들고 소망 중에 기도하겠다고 말합니다.

약 4 구하지 않으며 받을 수 없고, 또한 정욕으로 잘못 구해도 받을 수 없음을 가르쳐주고 있습니다. 힘써 하나님께 구하며, 필요를 따라 정직하고 바르게 구하면 하나님으로부터 받게 된다는 것을 보여줍니다.

욘 1 요나와 함께 배에 타고 있던 무리들의 기도입니다. 요나는 니느웨로 가서 하나님의 말씀을 선포하라는 명령에 불순종하여, 다시스를 향하는 배를 탔습니다. 다시스로 가면 하나님의 눈을 피할 수 있으리라는 생각 때문이었습니다. 그러나 하나님의 눈을 피할 수 없었고, 요나가 탄 배는 하나님이 보낸 큰 폭풍으로 위기에 처하고 배에 타고 있던 무리들은 요나를 바다에 던지며 우리들을 구해 달라고 부르짖게 된 것입니다.

눅 6 예수님은 이 땅에서의 사역으로 쉼의 시간을 갖기도 어려우셨지만, 기도하는 일을 미루지 않으셨습니다. 그 바쁜 사역 중에도 기도하기 위해 따로 산을 찾으시고 밤이 새도록 기도하셨습니다. 그럼으로 기도가 무엇보다 중요하다는 사실을 모범으로 보여주셨습니다.

말씀묵상

하나님의 약속을 붙잡고 꿈꾸고 기대하며 기도해야 합니다. 오늘 우리도 하나님의 뜻을 거스르며 정반대의 길을 걷고 있지는 않은지 살피고 기도해야 합니다. 바쁘거나 피곤한 중에도 먼저 기도해야 한다는 사실을 기억해야 합니다.

말씀적용 오늘의 감사

말씀적용

오늘의 감사

믿음으로 감사

소망으로 감사

사랑으로 감사

말씀암송

대상 17:25 나의 하나님이여 주께서 [ ]을 위하여 왕조를 세우실 것을 이미 듣게 하셨으므로 주의 [ ]이 주 앞에서 이 기도로 [ ][ ]할 마음이 생겼나이다

말씀기도

❶ 하나님의 약속을 붙들고 소망 중에 기대하며 기도하게 하시고, 그 소망이 부끄럽지 않도록 주께서 속히 이루어 주소서.

❷ 결코 하나님의 뜻을 거스르지 않게 하시고, 언제나 순종하여 주의 뜻을 따를 수 있는 힘과 용기를 주옵소서.

❸ 기도의 시간을 미루지 않게 하시고, 중요한 일을 하거나 결정하기에 앞서 먼저 기도하게 하소서. 결코 기도 없이 행하지 않게 하소서.

말씀배경 지식

큰 성읍 니느웨
(욘 1:2)

메소포타미아의 티그리스 강 우안에 위치한 도시로서 고대부터 도시 국가의 형태를 띠고 있다. 도시 국가는 그 도시와 인근 여러 마을들을 포함하는 정치 단위였다. 창세기 10장 11-12절을 보면 니느웨는 르호봇과 갈라와 레센과 함께 "큰 성"으로 언급되고 있다. 산헤립은 요나의 시대 후인 B.C. 약 700년경에 니느웨를 수도로 삼았다. 니느웨는 팔레스틴으로부터 500마일 이상 떨어져 있었기에, 도보로 여행하기에는 그야말로 먼 길이었다.

327 일차 365

기도하고 찬송하면 됩니다

11월 23일

역대상 18장 | 야고보서 5장 | 요나 2장 | 누가복음 7장

역대상 18장 | 승리 중의 찬양

18:6 다윗이 다메섹 아람에 수비대를 두매 아람 사람이 다윗의 종이 되어 조공을
바치니라 다윗이 어디로 가든지 여호와께서 이기게 하시니라

18:11 다윗 왕이 그것도 여호와께 드리되 에돔과 모압과 암몬 자손과 블레셋 사
람들과 아말렉 등 모든 이방 민족에게서 빼앗아 온 은금과 함께 하여 드리니라

18:13 다윗이 에돔에 수비대를 두매 에돔 사람이 다 다윗의 종이 되니라 다윗이
어디로 가든지 여호와께서 이기게 하셨더라

18:14 다윗이 온 이스라엘을 다스려 모든 백성에게 정의와 공의를 행할새

18:17 여호야다의 아들 브나야는 그렛 사람과 블렛 사람을 다스리고 다윗의 아
들들은 왕을 모시는 사람들의 우두머리가 되니라

야고보서 5장 | 기도와 찬송의 삶

5:7 그러므로 형제들아 주께서 강림하시기까지 길이 참으라 보라 농부가 땅에서
나는 귀한 열매를 바라고 길이 참아 이른 비와 늦은 비를 기다리나니

5:8 너희도 길이 참고 마음을 굳건하게 하라 주의 강림이 가까우니라

5:13 너희 중에 고난 당하는 자가 있느냐 그는 기도할 것이요 즐거워하는 자가
있느냐 그는 찬송할지니라

5:14 너희 중에 병든 자가 있느냐 그는 교회의 장로들을 청할 것이요 그들은 주
의 이름으로 기름을 바르며 그를 위하여 기도할지니라

5:15 믿음의 기도는 병든 자를 구원하리니 주께서 그를 일으키시리라 혹시 죄를
범하였을지라도 사하심을 받으리라

5:16 그러므로 너희 죄를 서로 고백하며 병이 낫기를 위하여 서로 기도하라 의
인의 간구는 역사하는 힘이 큼이니라

오늘의 찬양
찬송가 357장 | 주 믿는 사람 일어나

맥체인성경365
1853p

요나 2장 | 고난 중에 드리는 기도

2:1 요나가 물고기 뱃속에서 그의 하나님 여호와께 기도하여

2:2 이르되 내가 받는 고난으로 말미암아 여호와께 불러 아뢰었더니 주께서 내
게 대답하셨고 내가 스올의 뱃속에서 부르짖었더니 주께서 내 음성을 들으셨나
이다

2:4 내가 말하기를 내가 주의 목전에서 쫓겨났을지라도 다시 주의 성전을 바라
보겠다 하였나이다

2:7 내 영혼이 내 속에서 피곤할 때에 내가 여호와를 생각하였더니 내 기도가 주
께 이르렀사오며 주의 성전에 미쳤나이다

2:9 나는 감사하는 목소리로 주께 제사를 드리며 나의 서원을 주께 갚겠나이다
구원은 여호와께 속하였나이다 하니라

누가복음 7장 | 믿음으로 드리는 간구

7:3 예수의 소문을 듣고 유대인의 장로 몇 사람을 예수께 보내어 오셔서 그 종을 구
해 주시기를 청한지라

7:7 그러므로 내가 주께 나아가기도 감당하지 못할 줄을 알았나이다 말씀만 하사
내 하인을 낫게 하소서

7:8 나도 남의 수하에 든 사람이요 내 아래에도 병사가 있으니 이더러 가라 하면 가
고 저더러 오라 하면 오고 내 종더러 이것을 하라 하면 하나이다

7:9 예수께서 들으시고 그를 놀랍게 여겨 돌이키사 따르는 무리에게 이르시되 내
가 너희에게 이르노니 이스라엘 중에서도 이만한 믿음은 만나보지 못하였노라 하
시더라

7:47 이러므로 내가 네게 말하노니 그의 많은 죄가 사하여졌도다 이는 그의 사랑함
이 많음이라 사함을 받은 일이 적은 자는 적게 사랑하느니라

말씀연결 중심내용

대상 18 다윗 왕이 주변 나라들과의 전쟁에서 승리했습니다. 하나님께서 다윗이 어디로 가든지 이기게 하셨습니다. 그리고 다윗은 승리를 통해 얻은 전리품을 하나님 앞에 드림으로 하나님께서 주신 승리임을 잊지 않고 고백했습니다. 다윗은 항상 전리품을 하나님께 드려 하나님을 찬양했습니다.

약 5 신앙인의 삶은 고난 중에 넘어지는 것이 아니라 기도로 이기는 삶이며, 형통 중에 교만한 것이 아니라 찬송으로 하나님께 영광을 돌리는 삶입니다. 이처럼 기도하며 찬송하며 살아가면 넘어지지 않을 수 있음을 보여줍니다.

욘 2 요나와 함께 배에 타고 있던 무리들의 기도입니다. 요나는 니느웨로 가서 하나님의 말씀을 선포하라는 명령에 불순종하여, 다시스를 향하는 배를 탔습니다. 다시스로 가면 하나님의 눈을 피할 수 있으리라는 생각 때문이었습니다. 그러나 하나님의 눈을 피할 수 없었고, 요나가 탄 배는 하나님이 보낸 큰 폭풍으로 위기에 처하고 배에 타고 있던 무리들은 요나를 바다에 던지며 우리들을 구해 달라고 부르짖게 된 것입니다.

눅 7 예수님께서 백부장의 믿음을 칭찬하신 말씀입니다. 곧 백부장은 자신의 하인의 병의 치료를 위해 예수님께 간구하면서 절대적 믿음을 보였습니다. 백부장은 예수님을 질병까지도 주관하시는 최고 주권자이심으로 믿고 고백했습니다. 다른 무엇이 아니라 예수님의 말씀 한 마디면 충분히 그 병을 치료함을 믿었습니다. 예수님은 이 믿음을 크게 칭찬하셨습니다.

말씀묵상

하나님이 주시는 승리와 기쁨 속에서 교만하지 않고 찬양으로 계속된 승리를 만들어 가야 합니다. 우리의 기도를 들으시는 하나님이 계심으로 고난 중에 좌절하여 넘어지지 말고 기도함으로 이겨야 합니다. 주님께서 의지를 가지고 말씀 한 마디만 하시면 모든 고난과 문제가 떠나감을 믿고 기도해야 합니다.

말씀적용 오늘의 감사

말씀적용

오늘의 감사

믿음으로 감사

소망으로 감사

사랑으로 감사

말씀암송

약 5:13 너희 중에 고난 당하는 자가 있느냐 그는 ☐☐ 할 것이요 즐거워하는 자가 있느냐 그는 ☐☐ 할지니라

말씀기도

❶ 우리의 기도를 들으시는 하나님이 계심을 기억하며, 고난 중에 절망 대신 하나님을 찾아 기도하게 하소서.

❷ 하나님께 드리는 기도에 절대적 믿음을 싣게 하시고, 믿음으로 인정받고 응답받게 하소서.

❸ 하나님이 주시는 승리 중에 교만함으로 넘어지지 않게 하시고 오히려 하나님께 드리는 찬양과 헌신으로, 계속된 승리를 열어가게 하소서.

말씀배경 지식

땅에서 나는 귀한 열매.. 이른 비와 늦은 비 (약 5:7)

야고보는 인내해야 하는 사람의 예로 땅에서 나는 귀한 열매를 바라는 농부를 말한다. 팔레스틴에서는 이른 비(10-11월)가 농작물을 심은 다음에 오고, 늦은 비(4-5월)는 그것이 무르 익을 때 온다. 이른 비와 늦은 비는 농작물이 잘 되기 위해 아주 중요하다.

328 일차 365

11월 24일

하나님이 일하십니다

역대상 19-20장 | 베드로전서 1장 | 요나 3장 | 누가복음 8장

역대상 19-20장 | 고난 중의 맡김

19:13 너는 힘을 내라 우리가 우리 백성과 우리 하나님의 성읍들을 위하여 힘을 내자 여호와께서 선히 여기시는 대로 행하시기를 원하노라 하고

19:14 요압과 그 추종자가 싸우려고 아람 사람 앞에 나아가니 그들이 그 앞에서 도망하고

19:15 암몬 자손은 아람 사람이 도망함을 보고 그들도 요압의 아우 아비새 앞에서 도망하여 성읍으로 들어간지라 이에 요압이 예루살렘으로 돌아오니라

20:1 해가 바뀌어 왕들이 출전할 때가 되매 요압이 그 군대를 거느리고 나가서 암몬 자손의 땅을 격파하고 들어가 랍바를 에워싸고 다윗은 예루살렘에 그대로 있더니 요압이 랍바를 쳐서 함락시키매

20:8 가드의 키 큰 자의 소생이라도 다윗의 손과 그 신하의 손에 다 죽었더라

베드로전서 1장 | 고난 중의 소망

1:2 곧 하나님 아버지의 미리 아심을 따라 성령이 거룩하게 하심으로 순종함과 예수 그리스도의 피 뿌림을 얻기 위하여 택하심을 받은 자들에게 편지하노니 은혜와 평강이 너희에게 더욱 많을지어다

1:6 그러므로 너희가 이제 여러 가지 시험으로 말미암아 잠깐 근심하게 되지 않을 수 없으나 오히려 크게 기뻐하는도다

1:7 너희 믿음의 확실함은 불로 연단하여도 없어질 금보다 더 귀하여 예수 그리스도께서 나타나실 때에 칭찬과 영광과 존귀를 얻게 할 것이니라

1:13 그러므로 너희 마음의 허리를 동이고 근신하여 예수 그리스도께서 나타나실 때에 너희에게 가져다 주실 은혜를 온전히 바랄지어다

1:15 오직 너희를 부르신 거룩한 이처럼 너희도 모든 행실에 거룩한 자가 되라

오늘의 찬양
찬송가 337장 | 내 모든 시험 무거운 짐을

맥체인성경365
1858p

요나 3장 | 하나님의 일하심

3:2 일어나 저 큰 성읍 니느웨로 가서 내가 네게 명한 바를 그들에게 선포하라
하신지라

3:3 요나가 여호와의 말씀대로 일어나서 니느웨로 가니라 니느웨는 사흘 동안
걸을 만큼 하나님 앞에 큰 성읍이더라

3:4 요나가 그 성읍에 들어가서 하루 동안 다니며 외쳐 이르되 사십 일이 지나면
니느웨가 무너지리라 하였더니

3:5 니느웨 사람들이 하나님을 믿고 금식을 선포하고 높고 낮은 자를 막론하고
굵은 베 옷을 입은지라

3:6 그 일이 니느웨 왕에게 들리매 왕이 보좌에서 일어나 왕복을 벗고 굵은 베
옷을 입고 재 위에 앉으니라

누가복음 8장 | 고난 중의 믿음

8:22 하루는 제자들과 함께 배에 오르사 그들에게 이르시되 호수 저편으로 건너가
자 하시매 이에 떠나

8:23 행선할 때에 예수께서 잠이 드셨더니 마침 광풍이 호수로 내리치매 배에 물이
가득하게 되어 위태한지라

8:24 제자들이 나아와 깨워 이르되 주여 주여 우리가 죽겠나이다 한대 예수께서 잠
을 깨사 바람과 물결을 꾸짖으시니 이에 그쳐 잔잔하여지더라

8:25 제자들에게 이르시되 너희 믿음이 어디 있느냐 하시니 그들이 두려워하고 놀
랍게 여겨 서로 말하되 그가 누구이기에 바람과 물을 명하매 순종하는가 하더라

8:50 예수께서 들으시고 이르시되 두려워하지 말고 믿기만 하라 그리하면 딸이 구
원을 얻으리라 하시고

말씀연결 중심내용

대상 19-20 앞뒤에 있는 적과의 싸움을 앞두고 요압이 그 동생 아비새에게 앞뒤에 진을 치고 공격하는 적들을 상대하는 것이 어려운 일이지만, 하나님과 백성들을 위해 최선을 다하고 그 이후의 결과는 선하신 하나님의 결과에 맡기면 된다고 말합니다. 최선은 우리의 몫이지만 결과는 하나님의 몫이라는 것입니다.

벧전 1 우리 믿음의 사람에게 여러 시험으로 인한 고난이 있지만, 오히려 고난이 큰 기쁨을 가져다줌을 말씀하고 있습니다. 곧 고난 중에 흔들리지 않음으로 참 믿음을 증명할 수 있고, 고난 중에 흔들리지 않은 믿음은 다시 오시는 주님을 통해 칭찬과 영광과 존귀를 얻게 한다는 것입니다.

욘 3 요나가 전한 하나님의 심판의 메시지를 듣고 니느웨 성읍의 사람들이 회개했다는 말씀입니다. 요나가 하나님의 말씀에 순종하여 니느웨로 가서 하나님의 심판의 메시지를 전하자 요나가 외친 말씀을 듣고 니느웨 성읍의 모든 사람들이 회개하는 놀라운 역사가 일어났습니다. 심지어는 왕까지도 왕복을 벗고 베옷을 입고 겸손하게 회개했습니다.

눅 8 예수님께서 풍랑을 만나 두려워한 제자들을 책망하신 말씀입니다. 제자들의 믿음 없음을 책망하셨는데, 고난 중에 두려워할 것이 아니라, 주님이 함께 하시며 지키시고 돌보신다는 사실을 믿어야 한다는 것입니다. 딸의 치료를 위해 예수님을 찾았다가, 그 딸이 죽었다는 소식을 들은 회당장을 향해서도 예수님은 믿음을 말씀하셨습니다.

말씀묵상

고난 앞에서 포기하지 말고, 할 수 있는 최선을 다하며, 그 결과는 하나님께 맡기면 된다는 것입니다. 고난 중에 절망할 것이 아니라 기쁨으로 인내하고 주님의 칭찬을 기대하며 소망을 가져야 합니다. 우리가 고난 중에도 포기하지 않고 할 수 있는 최선을 다하고, 결과는 하나님께 맡기면 하나님께서 일하십니다.

말씀적용 오늘의 감사

말씀적용

오늘의 감사

믿음으로 감사

소망으로 감사

사랑으로 감사

말씀암송

벧전 1:7 너희 [ ][ ]의 확실함은 불로 연단하여도 없어질 [ ]보다 더 귀하여 예수 그리스도께서 나타나실 때에 [ ][ ]과 [ ][ ]과 [ ][ ]를 얻게 할 것이니라

말씀기도

❶ 고난 중에서 소망을 갖고 오히려 믿음의 확실함을 보여 주의 칭찬과 영광과 존귀를 받게 하소서.
❷ 고난 중에 두려워하지 말고 믿음을 보여 주의 책망이 아닌 칭찬을 듣게 하소서.
❸ 감당할 수 없는 문제 앞에서, 결과는 선하신 하나님의 뜻에 맡기고, 최선을 다하게 하소서.

말씀배경 지식

예수 그리스도께서 나타나실 때에 칭찬과 영광과 존귀를 얻게 (벧전 1:7)

여기엔 두 가지 의미가 있다. 이러한 믿음의 시험은 그리스도께서 강림하실 때 그리스도인들에게 상을 얻게 할 뿐만 아니라, 그것은 현재 그들의 고난 가운데 그리스도께서 나타나시는 것 때문에 그에게 영광을 돌리게 한다(갈 3:1에서의 바울).

329 일차 / 365

11월 25일

주를 위한 고난은 아름답습니다

역대상 21장 | 베드로전서 2장 | 요나 4장 | 누가복음 9장

역대상 21장 | 죄로 인한 고난

21:14 이에 여호와께서 이스라엘 백성에게 전염병을 내리시매 이스라엘 백성 중
에서 죽은 자가 칠만 명이었더라

21:15 하나님이 예루살렘을 멸하러 천사를 보내셨더니 천사가 멸하려 할 때에
여호와께서 보시고 이 재앙 내림을 뉘우치사 멸하는 천사에게 이르시되 족하다
이제는 네 손을 거두라 하시니 그 때에 여호와의 천사가 여부스 사람 오르난의
타작 마당 곁에 선지라

21:16 다윗이 눈을 들어 보매 여호와의 천사가 천지 사이에 섰고 칼을 빼어 손에
들고 예루살렘 하늘을 향하여 편지라 다윗이 장로들과 더불어 굵은 베를 입고 얼
굴을 땅에 대고 엎드려

21:17 하나님께 아뢰되 명령하여 백성을 계수하게 한 자가 내가 아니니이까 범
죄하고 악을 행한 자는 곧 나이니이다 이 양 떼는 무엇을 행하였나이까 청하건대
나의 하나님 여호와여 주의 손으로 나와 내 아버지의 집을 치시고 주의 백성에게
재앙을 내리지 마옵소서 하니라

베드로전서 2장 | 주를 위한 고난

2:19 부당하게 고난을 받아도 하나님을 생각함으로 슬픔을 참으면 이는 아름다
우나

2:20 죄가 있어 매를 맞고 참으면 무슨 칭찬이 있으리요 그러나 선을 행함으로
고난을 받고 참으면 이는 하나님 앞에 아름다우니라

2:21 이를 위하여 너희가 부르심을 받았으니 그리스도도 너희를 위하여 고난을
받으사 너희에게 본을 끼쳐 그 자취를 따라오게 하려 하셨느니라

2:23 욕을 당하시되 맞대어 욕하지 아니하시고 고난을 당하시되 위협하지 아니
하시고 오직 공의로 심판하시는 이에게 부탁하시며

2:24 친히 나무에 달려 그 몸으로 우리 죄를 담당하셨으니 이는 우리로 죄에 대
하여 죽고 의에 대하여 살게 하려 하심이라 그가 채찍에 맞음으로 너희는 나음을
얻었나니

오늘의 찬양
찬송가 460장 | 뜻 없이 무릎 꿇는

맥체인성경365
1864p

요나 4장 | 고난 중의 은혜

4:6 하나님 여호와께서 박넝쿨을 예비하사 요나를 가리게 하셨으니 이는 그의
머리를 위하여 그늘이 지게 하며 그의 괴로움을 면하게 하려 하심이었더라 요나
가 박넝쿨로 말미암아 크게 기뻐하였더니

4:7 하나님이 벌레를 예비하사 이튿날 새벽에 그 박넝쿨을 갉아먹게 하시매 시
드니라

4:9 하나님이 요나에게 이르시되 네가 이 박넝쿨로 말미암아 성내는 것이 어찌
옳으냐 하시니 그가 대답하되 내가 성내어 죽기까지 할지라도 옳으니이다 하니
라

4:10 여호와께서 이르시되 네가 수고도 아니하였고 재배도 아니하였고 하룻밤
에 났다가 하룻밤에 말라 버린 이 박넝쿨을 아꼈거든

4:11 하물며 이 큰 성읍 니느웨에는 좌우를 분변하지 못하는 자가 십이만여 명이
요 가축도 많이 있나니 내가 어찌 아끼지 아니하겠느냐 하시니라

누가복음 9장 | 고난 중의 영광

9:23 또 무리에게 이르시되 아무든지 나를 따라오려거든 자기를 부인하고 날마다
제 십자가를 지고 나를 따를 것이니라

9:24 누구든지 제 목숨을 구원하고자 하면 잃을 것이요 누구든지 나를 위하여 제
목숨을 잃으면 구원하리라

9:26 누구든지 나와 내 말을 부끄러워하면 인자도 자기와 아버지와 거룩한 천사들
의 영광으로 올 때에 그 사람을 부끄러워하리라

9:27 내가 참으로 너희에게 이르노니 여기 서 있는 사람 중에 죽기 전에 하나님의
나라를 볼 자들도 있느니라

말씀연결 중심내용

대상 21 다윗 왕은 순간 찾아온 교만함으로 자신이 다스리는 이스라엘에 군사가 얼마인가 확인하고 자신의 왕권을 강화하며 과시하고자 인구를 조사했습니다. 하나님은 이것을 악하게 여기셨고, 이스라엘 백성에게 전염병으로 심판하셨습니다. 이로 인해 칠만 명이라는 무수한 백성이 죽게 되었습니다.

벧전 2 죄로 인한 고난에는 칭찬이 있을 수 없으나, 선을 행하다가 억울하게 당하는 고난을 주님을 생각하며 참고 이겨내는 것은 아름다운 일이라고 말합니다. 우리를 위해 주님은 먼저 고난을 당하셨으며, 또 참고 이기셨다는 것입니다.

욘 4 하나님의 사랑을 볼 수 있는 말씀입니다. 요나는 니느웨성을 용서하신 하나님께 불평을 쏟아냈습니다. 이스라엘을 고통에 처하게 한 니느웨 성을 말씀대로 심판하지 않으시고 용서하시는 것을 못마땅하게 생각한 것입니다. 이에 대해 하나님은 니느웨 성읍의 사람들을 아끼신다는 사실 곧 사랑을 말씀하셨습니다.

눅 9 자기를 부인하고 자기 십자가를 지는 고난을 피하지 않고, 생명을 걸고 주님을 따라가는 사람에게는 구원이라는 축복이 주어진다는 것입니다. 무엇보다 주님은, 영광중에 다시 이 땅에 오실 때, 나와 내 말을 부끄러워 한 사람을 주님께서도 부끄러워하시겠다고 말씀하셨습니다.

말씀묵상

죄로 인해 당하는 부끄러운 모습은 속히 벗어 버리고, 주를 위한 고난은 오히려 기쁨으로 참여할 수 있어야 합니다. 하나님의 크신 사랑은 은혜를 구하는 우리의 간구를 외면하지 않습니다. 주를 위한 고난의 길을 피하지 않고 오히려 기쁨 속에 걸어가며, 주님을 통해 주어질 영광을 바라보며 소망합니다.

말씀적용 오늘의 감사

말씀적용

오늘의 감사

믿음으로 감사

소망으로 감사

사랑으로 감사

말씀암송

눅 9:24 누구든지 제 목숨을 [ ][ ]하고자 하면 잃을 것이요 누구든지 나를 위하여 제 목숨을 잃으면 [ ][ ]하리라

말씀기도

❶ 어리석은 교만과 죄로 고난을 만들지 않게 하시고, 죄로 인한 고난은 속히 깨닫고 회개하게 하소서.

❷ 억울한 고난에도 주를 위해 참고 이김으로 하나님 앞에 아름다운 삶을 만들어가게 하소서.

❸ 결코 주님을 부끄러워하지 말고, 주를 위한 고난에 기쁨으로 참여하여 주와 함께 영광도 누리게 하소서.

말씀배경 지식

하나님 여호와께서 박넝쿨을 예비하사 (욘 4:6)

박넝쿨이라고 번역된 이 식물은 '팔마 크리스티'(palma cristi)는 중동에서 흔히 볼 수 있는 식물이다. 이 경우에 이 식물이 급속히 자란 것은 하나님의 특별하신 손길에 의한 것이라고 언급되고 있다.

330 일차/365

11월 26일

무엇으로 단장하고 있습니까?

역대상 22장 | 베드로전서 3장 | 미가 1장 | 누가복음 10장

역대상 22장 | 하나님의 사랑으로 단장해야 함

22:2 다윗이 명령하여 이스라엘 땅에 거류하는 이방 사람을 모으고 석수를 시켜
하나님의 성전을 건축할 돌을 다듬게 하고

22:5 다윗이 이르되 내 아들 솔로몬은 어리고 미숙하고 여호와를 위하여 건축할
성전은 극히 웅장하여 만국에 명성과 영광이 있게 하여야 할지라 그러므로 내가
이제 그것을 위하여 준비하리라 하고 다윗이 죽기 전에 많이 준비하였더라

22:11 이제 내 아들아 여호와께서 너와 함께 계시기를 원하며 네가 형통하여 여
호와께서 네게 대하여 말씀하신 대로 네 하나님 여호와의 성전을 건축하며

22:12 여호와께서 네게 지혜와 총명을 주사 네게 이스라엘을 다스리게 하시고
네 하나님 여호와의 율법을 지키게 하시기를 더욱 원하노라

22:14 내가 환난 중에 여호와의 성전을 위하여 금 십만 달란트와 은 백만 달란트
와 놋과 철을 그 무게를 달 수 없을 만큼 심히 많이 준비하였고 또 재목과 돌을 준
비하였으나 너는 더할 것이며

베드로전서 3장 | 숨은 사람을 단장해야 함

3:3 너희의 단장은 머리를 꾸미고 금을 차고 아름다운 옷을 입는 외모로 하지 말
고

3:4 오직 마음에 숨은 사람을 온유하고 안정한 심령의 썩지 아니할 것으로 하라
이는 하나님 앞에 값진 것이니라

3:15 너희 마음에 그리스도를 주로 삼아 거룩하게 하고 너희 속에 있는 소망에
관한 이유를 묻는 자에게는 대답할 것을 항상 준비하되 온유와 두려움으로 하고

3:16 선한 양심을 가지라 이는 그리스도 안에 있는 너희의 선행을 욕하는 자들
로 그 비방하는 일에 부끄러움을 당하게 하려 함이라

3:18 그리스도께서도 단번에 죄를 위하여 죽으사 의인으로서 불의한 자를 대신
하셨으니 이는 우리를 하나님 앞으로 인도하려 하심이라 육체로는 죽임을 당하
시고 영으로는 살리심을 받으셨으니

미가 1장 | 거룩함으로 단장해야 함

1:3 여호와께서 그의 처소에서 나오시고 강림하사 땅의 높은 곳을 밟으실 것이
라

1:5 이는 다 야곱의 허물로 말미암음이요 이스라엘 족속의 죄로 말미암음이라
야곱의 허물이 무엇이냐 사마리아가 아니냐 유다의 산당이 무엇이냐 예루살렘
이 아니냐

1:7 그 새긴 우상들은 다 부서지고 그 음행의 값은 다 불살라지며 내가 그 목상
들을 다 깨뜨리리니 그가 기생의 값으로 모았은즉 그것이 기생의 값으로 돌아가
리라

1:14 이러므로 너는 가드모레셋에 작별하는 예물을 줄지어다 악십의 집들이 이
스라엘 왕들을 속이리라

1:16 너는 네 기뻐하는 자식으로 인하여 네 머리털을 깎아 대머리 같게 할지어
다 네 머리가 크게 벗어지게 하기를 독수리 같게 할지어다 이는 그들이 사로잡혀
너를 떠났음이라

누가복음 10장 | 이웃 사랑으로 단장해야 함

10:27 대답하여 이르되 네 마음을 다하며 목숨을 다하며 힘을 다하며 뜻을 다하여
주 너의 하나님을 사랑하고 또한 네 이웃을 네 자신 같이 사랑하라 하였나이다

10:30 예수께서 대답하여 이르시되 어떤 사람이 예루살렘에서 여리고로 내려가다
가 강도를 만나매 강도들이 그 옷을 벗기고 때려 거의 죽은 것을 버리고 갔더라

10:34 가까이 가서 기름과 포도주를 그 상처에 붓고 싸매고 자기 짐승에 태워 주막
으로 데리고 가서 돌보아 주니라

10:36 네 생각에는 이 세 사람 중에 누가 강도 만난 자의 이웃이 되겠느냐

10:37 이르되 자비를 베푼 자니이다 예수께서 이르시되 가서 너도 이와 같이 하라
하시니라

말씀연결 중심내용

대상 22 다윗의 하나님 사랑을 볼 수 있는 말씀입니다. 성전을 짓기를 소망했지만, 많은 전쟁으로 수많은 사람의 피를 흘린 다윗의 손으로 성전이 지어지는 것을 하나님께서 원하지 않으셨습니다. 그러나 그 아들을 통해 성전이 지어질 것을 말씀하셨고, 다윗은 이를 기뻐하며 그 아들 솔로몬이 성전을 지을 수 있도록 건축 자재를 준비하는 등 힘을 다했습니다. 그리고 그 아들에게 성전 건축을 부탁하고, 또 하나님의 말씀 안에서 살아가기를 당부했습니다.

벧전 3 우리의 외모 곧 겉모습만 꾸미고 치장할 것이 아니라 먼저 속 사람을 온유하고 정숙한 마음으로 단장해야 한다는 것입니다. 하나님은 겉모습이 아닌 속 사람을 보시고 속 사람의 단장을 귀하게 여기신다는 것을 보여줍니다.

미 1 이스라엘과 유다를 향한 하나님의 심판을 전하고 있는 말씀으로, 이스라엘에 임한 하나님의 심판이 유다에까지 이르게 된다는 것입니다. 유다도 심판을 피할 수 없는데 특별히 하나님께서 그들의 허물과 죄 때문에 이스라엘과 유다를 심판하시기 위해 강림하신다고 말씀하고 있습니다.

눅 10 선한 사마리아 사람의 비유를 말씀하신 예수님은 참된 이웃은 강도 만난 사람을 외면한 제사장이나 레위인이 아니라 사랑으로 강도 만난 사람을 도운 사마리아 사람임을 말씀하시며, 바로 우리가 이와 같은 사랑의 삶으로 참된 이웃이 되어야 함을 가르치셨습니다. 곧 마음을 다하고 힘을 다하고 뜻을 다하여 하나님을 사랑할 뿐만 아니라, 우리의 이웃을 우리 자신과 같이 사랑하는 삶을 살아가야 한다는 것입니다.

말씀묵상

우상숭배와 죄악을 심판하시기 위해 하나님께서 강림하신다는 말씀 속에서 우리가 죄에서 돌이켜 우리의 속 사람을 거룩하게 단장해야 합니다. 거룩함으로 단장할 뿐만 아니라 하나님의 사랑으로도 단장해야 합니다. 우리의 속 사람을 이웃 사랑으로 단장해 가는 것이 참되고 균형 잡힌 신앙의 삶으로 사는 것입니다.

말씀적용 오늘의 감사

말씀적용

오늘의 감사

믿음으로 감사

소망으로 감사

사랑으로 감사

말씀암송

대상 22:12 여호와께서 네게 ☐☐와 ☐☐을 주사 네게 이스라엘을 다스리게 하시고 네 하나님 여호와의 ☐☐을 지키게 하시기를 더욱 원하노라

말씀기도

❶ 하나님께서 값지게 여기시는 것이 무엇인지 바르게 깨닫게 하시고, 따라서 겉모습이 아닌 속 사람을 단장하는 일에 힘을 쓰게 하소서.
❷ 거룩함과 하나님 사랑으로 우리의 속 사람을 단장하게 하소서.
❸ 이웃 사랑의 삶을 힘써 실천하여 참된 이웃이 되는 삶을 살아가게 하소서.

말씀배경 지식

네 머리털을 깎아 대머리 같게 할지어다 (미 1:16)

부요한 가정에서 태어나 호화롭게 자란 아들들이 포로로 잡혀 갔으므로 모친되는 이스라엘은 당연히 큰 슬픔에 처한 형색을 취해야 마땅한 것이라고 미가는 권면한다. 미가 선지자는 마치 이같은 무서운 재난이 이미 성취된 양 그 공포를 실감나게 묘사하고 있다.

331 일차 365

11월 27일

이런 사람에게 복이 있습니다

역대상 23장 | 베드로전서 4장 | 미가 2장 | 누가복음 11장

역대상 23장 | 하나님의 성전에서 섬기는 자에게 복이 있음

23:28 그 직분은 아론의 자손을 도와 여호와의 성전과 뜰과 골방에서 섬기고 또 모든 성물을 정결하게 하는 일 곧 하나님의 성전에서 섬기는 일과

23:29 또 진설병과 고운 가루의 소제물 곧 무교전병이나 과자를 굽는 것이나 반죽하는 것이나 또 모든 저울과 자를 맡고

23:30 아침과 저녁마다 서서 여호와께 감사하고 찬송하며

23:31 또 안식일과 초하루와 절기에 모든 번제를 여호와께 드리되 그가 명령하신 규례의 정한 수효대로 항상 여호와 앞에 드리며

23:32 또 회막의 직무와 성소의 직무와 그들의 형제 아론 자손의 직무를 지켜 여호와의 성전에서 수종드는 것이더라

베드로전서 4장 | 주를 위해 고난 받는 자에게 복이 있음

4:1 그리스도께서 이미 육체의 고난을 받으셨으니 너희도 같은 마음으로 갑옷을 삼으라 이는 육체의 고난을 받은 자는 죄를 그쳤음이니

4:2 그 후로는 다시 사람의 정욕을 따르지 않고 하나님의 뜻을 따라 육체의 남은 때를 살게 하려 함이라

4:7 만물의 마지막이 가까이 왔으니 그러므로 너희는 정신을 차리고 근신하여 기도하라

4:13 오히려 너희가 그리스도의 고난에 참여하는 것으로 즐거워하라 이는 그의 영광을 나타내실 때에 너희로 즐거워하고 기뻐하게 하려 함이라

4:14 너희가 그리스도의 이름으로 치욕을 당하면 복 있는 자로다 영광의 영 곧 하나님의 영이 너희 위에 계심이라

오늘의 찬양
찬송가 285장 | 주의 말씀 받은 그 날

맥체인성경365
1877p

미가 2장 | 하나님의 구원이 계획된 자에게 복이 있음

2:3 그러므로 여호와의 말씀에 내가 이 족속에게 재앙을 계획하나니 너희의 목이
이에서 벗어나지 못할 것이요 또한 교만하게 다니지 못할 것이라 이는 재앙의 때
임이라 하셨느니라

2:4 그 때에 너희를 조롱하는 시를 지으며 슬픈 노래를 불러 이르기를 우리가 온
전히 망하게 되었도다 그가 내 백성의 산업을 옮겨 내게서 떠나게 하시며 우리
밭을 나누어 패역자에게 주시는도다 하리니

2:12 야곱아 내가 반드시 너희 무리를 다 모으며 내가 반드시 이스라엘의 남은
자를 모으고 그들을 한 처소에 두기를 보스라의 양 떼 같이 하며 초장의 양 떼 같
이 하리니 사람들이 크게 떠들 것이며

2:13 길을 여는 자가 그들 앞에 올라가고 그들은 길을 열어 성문에 이르러서는
그리로 나갈 것이며 그들의 왕이 앞서 가며 여호와께서는 선두로 가시리라

누가복음 11장 | 말씀을 지키는 자에게 복이 있음

11:9 내가 또 너희에게 이르노니 구하라 그러면 너희에게 주실 것이요 찾으라 그러
면 찾아낼 것이요 문을 두드리라 그러면 너희에게 열릴 것이니

11:10 구하는 이마다 받을 것이요 찾는 이는 찾아낼 것이요 두드리는 이에게는 열
릴 것이니라

11:13 너희가 악할지라도 좋은 것을 자식에게 줄 줄 알거든 하물며 너희 하늘 아버
지께서 구하는 자에게 성령을 주시지 않겠느냐 하시니라

11:28 예수께서 이르시되 오히려 하나님의 말씀을 듣고 지키는 자가 복이 있느니
라 하시니라

11:33 누구든지 등불을 켜서 움 속에나 말 아래에 두지 아니하고 등경 위에 두나니
이는 들어가는 자로 그 빛을 보게 하려 함이라

11:35 그러므로 네 속에 있는 빛이 어둡지 아니한가 보라

말씀연결 중심내용

대상 23 다윗이 성전 건축 준비의 연장으로 레위인들을 소집하여 그 업무를 분명하고 구체적으로 분담시키는 것을 보여줍니다.

벧전 4 연단을 위해 믿음의 사람들에게 찾아오는 고난과 시험이 있으며, 그 시험을 이상한 일로 생각하지 말고 즐거워하라고 가르치고 있습니다. 그리스도의 이름으로 치욕을 당하는 사람은 오히려 복이 있는 사람으로, 주님의 영광이 나타날 때에 함께 즐거워하게 된다는 것입니다.

미 2 하나님은 불의한 이스라엘 족속들, 특별히 백성들을 착취하고 산업을 강탈하며 죄악을 일삼았던 권력자들을 향하여 재앙을 계획하셨음을 말씀하셨습니다. 그리고 이 계획은 그 누구도 벗어나지 못할 것임을 말씀하셨습니다. 곧 누구도 피하지 못하고 하나님의 재앙의 계획에 따라 심판을 받게 된다는 것입니다.

눅 11 예수님께서 기도를 가르쳐 주십니다. 그리고 바리새인과 율법 교사를 향해 그들의 외식과 불의함을 지적하시며 화를 선언하셨는데, 진실하게 말씀을 지키지 않고 외식하는 그들의 삶은 결코 복이 있을 수 없다는 것입니다. 하나님의 말씀을 듣고 지키는 자가 복이 있음을 보여줍니다.

말씀묵상

하나님의 성전에서 하나님을 섬기는 일을 하는 것이 축복입니다. 구원의 계획안에 선 사람, 곧 구원의 약속을 붙들고 소망 중에 인내하며 주의 말씀을 따르는 사람이 복된 사람입니다.

말씀적용 오늘의 감사

말씀적용

오늘의 감사

믿음으로 감사

소망으로 감사

사랑으로 감사

말씀암송

벧전 4:14 너희가 그리스도의 ☐☐으로 치욕을 당하면 복 있는 자로다 영광의 ☐ 곧 하나님의 ☐이 너희 ☐에 계심이라

말씀기도

❶ 주를 위해 고난받음을 오히려 기뻐하게 하시고, 주님의 날에 함께 누리게 될 영광을 소망하게 하소서.
❷ 하나님의 재앙과 심판의 계획이 아니라 구원의 계획안에 서서, 참으로 복된 사람이 되게 하소서.
❸ 외식함으로가 아니라 진실함으로 말씀을 듣고 지켜 복된 사람이 되게 하소서.

말씀배경 지식

절기 (대상 23:31)

유월절, 오순절, 희년, 속죄일과 초막절(레 23장) 등이 절기로 해마다 준수되었다. 첫째, 둘째와 마지막 절기는 예루살렘 성전까지 가야 했다(출 23:14-17, 신 16:16).

332 일차 365

11월 28일

그의 나라를 구해야 합니다

역대상 24-25장 | 베드로전서 5장 | 미가 3장 | 누가복음 12장

역대상 24-25장 | 우리가 힘써야 할 것

24:5 이에 제비 뽑아 피차에 차등이 없이 나누었으니 이는 성전의 일을 다스리는
자와 하나님의 일을 다스리는 자가 엘르아살의 자손 중에도 있고 이다말의 자손
중에도 있음이라

24:19 이와 같은 직무에 따라 여호와의 성전에 들어가서 그의 아버지 아론을 도
왔으니 이는 이스라엘의 하나님 여호와께서 명하신 규례더라

25:1 다윗이 군대 지휘관들과 더불어 아삽과 헤만과 여두둔의 자손 중에서 구별
하여 섬기게 하되 수금과 비파와 제금을 잡아 신령한 노래를 하게 하였으니 그
직무대로 일하는 자의 수효는 이러하니라

25:8 이 무리의 큰 자나 작은 자나 스승이나 제자를 막론하고 다같이 제비 뽑아
직임을 얻었으니

베드로전서 5장 | 우리가 믿어야 할 것

5:2 너희 중에 있는 하나님의 양 무리를 치되 억지로 하지 말고 하나님의 뜻을
따라 자원함으로 하며 더러운 이득을 위하여 하지 말고 기꺼이 하며

5:6 그러므로 하나님의 능하신 손 아래에서 겸손하라 때가 되면 너희를 높이시
리라

5:7 너희 염려를 다 주께 맡기라 이는 그가 너희를 돌보심이라

5:8 근신하라 깨어라 너희 대적 마귀가 우는 사자 같이 두루 다니며 삼킬 자를
찾나니

5:9 너희는 믿음을 굳건하게 하여 그를 대적하라 이는 세상에 있는 너희 형제들
도 동일한 고난을 당하는 줄을 앎이라

5:10 모든 은혜의 하나님 곧 그리스도 안에서 너희를 부르사 자기의 영원한 영
광에 들어가게 하신 이가 잠깐 고난을 당한 너희를 친히 온전하게 하시며 굳건하
게 하시며 강하게 하시며 터를 견고하게 하시리라

오늘의 찬양

찬송가 382장 | 너 근심 걱정 말아라

맥체인성경365
1882p

미가 3장 | 우리가 버려야 할 것

3:9 야곱 족속의 우두머리들과 이스라엘 족속의 통치자들 곧 정의를 미워하고 정직한 것을 굽게 하는 자들아 원하노니 이 말을 들을지어다

3:10 시온을 피로, 예루살렘을 죄악으로 건축하는도다

3:11 그들의 우두머리들은 뇌물을 위하여 재판하며 그들의 제사장은 삯을 위하여 교훈하며 그들의 선지자는 돈을 위하여 점을 치면서도 여호와를 의뢰하여 이르기를 여호와께서 우리 중에 계시지 아니하냐 재앙이 우리에게 임하지 아니하리라 하는도다

3:12 이러므로 너희로 말미암아 시온은 갈아엎은 밭이 되고 예루살렘은 무더기가 되고 성전의 산은 수풀의 높은 곳이 되리라

누가복음 12장 | 우리가 구해야 할 것

12:11 사람이 너희를 회당이나 위정자나 권세 있는 자 앞에 끌고 가거든 어떻게 무엇으로 대답하며 무엇으로 말할까 염려하지 말라

12:12 마땅히 할 말을 성령이 곧 그 때에 너희에게 가르치시리라 하시니라

12:31 다만 너희는 그의 나라를 구하라 그리하면 이런 것들을 너희에게 더하시리라

12:33 너희 소유를 팔아 구제하여 낡아지지 아니하는 배낭을 만들라 곧 하늘에 둔 바 다함이 없는 보물이니 거기는 도둑도 가까이 하는 일이 없고 좀도 먹는 일이 없느니라

12:34 너희 보물 있는 곳에는 너희 마음도 있으리라

12:40 그러므로 너희도 준비하고 있으라 생각하지 않은 때에 인자가 오리라 하시니라

말씀연결 중심내용

대상 24-25 다윗이 아삽과 헤만과 여두둔의 자손들을 구별하여 찬양대를 조직하고 신령한 노래, 곧 하나님을 찬양하는 일에 힘쓰게 했다는 말씀입니다. 우리가 힘써야 할 것이 하나님을 찬양하는 것이라는 것을 보여줍니다.

벧전 5 우리가 믿고 맡겨야 할 것에 대해 보여줍니다. 겸손히 하나님을 믿고, 이 세상의 모든 염려와 근심을 하나님께 맡기면 된다고 말씀하십니다. 그러면 하나님께서 하나님의 때에 높이시고, 우리를 돌보셔서 모든 염려와 근심을 해결해주신다는 것을 보여줍니다.

미 3 지도자들의 삶의 목적이 돈에 있었다는 것을 말합니다. 재판장들은 뇌물을 받고 재판하고, 제사장은 돈을 위해 교훈하고, 선지자는 돈을 위해 점을 치며 예언했다는 것입니다. 하나님이 목적이고, 그 말씀을 따르고 지키며 가르치고 전하는 것이 목적이 돼야 하는데, 그들의 목적은 오직 돈에 있었다는 것입니다. 그리고 그들은 하나님의 심판과 재앙이 임하지 않는다는 어리석은 생각을 하고 있었는데, 그들의 생각과 달리 하나님께서 반드시 심판하실 것을 말씀하셨습니다.

눅 12 무엇을 먹을까? 무엇을 입을까? 우리의 삶에서 음식과 의복이 중요하고 따라서 이를 위해 고민하지만, 우리의 아버지 되시는 하나님께서 그 필요를 아시고 공급하신다고 말씀하십니다. 따라서 먹고 입는 문제로 근심하지 말고 하나님의 말씀을 지키며 그의 나라를 소망하며 구하는 삶을 살아가야 한다는 것을 보여줍니다.

말씀묵상

이 세상을 살아가며 우리에게 필요한 것들이 무엇인지 하나님께서 아시고 채우심을 믿고, 하나님께 맡기는 믿음이 있어야 합니다. 이 세상의 삶을 위해 재물을 탐하고 재물을 쌓고자 하는 어리석은 생각을 버려야 합니다. 우리가 먼저 구해야 할 것은 하나님의 나라입니다. 마지막에 우리에게 필요한 것은 하나님을 믿음으로 찬양하는 삶이라는 것입니다.

말씀적용 오늘의 감사

말씀적용

오늘의 감사

믿음으로 감사

소망으로 감사

사랑으로 감사

말씀암송

눅 12:31 다만 너희는 그의 ☐☐를 구하라 그리하면 이런 것들을 너희에게 더하시리라

말씀기도

❶ 재물의 유혹에 넘어가지 않으며 우리의 모든 필요는 하나님께서 아시고 채우심을 믿고, 하나님의 나라를 구하는 삶을 살게 하소서.
❷ 걱정하며 근심하며 세상을 두려움 가운데 살아가는 것이 아니라 겸손히 하나님을 믿고 맡김으로 하나님께서 높이시고 돌보시는 은혜를 누리게 하소서.
❸ 우리의 모든 힘을 다해 하나님을 찬양하는 삶을 살게 하소서.

말씀배경 지식

제비 뽑아
(대상 25:8)

아삽의 스물네 아들, 즉 헤만과 여두둔의 지휘 아래에서 반열의 구성을 결정하기 위한 방법이었다.

333 일차 / 365

11월 29일

하나님의 나라가 있습니다

역대상 26-27장 | 베드로후서 1장 | 미가 4장 | 누가복음 13장

역대상 26-27장 | 인내와 헌신

26:8 이는 다 오벧에돔의 자손이라 그들과 그의 아들들과 그의 형제들은 다 능력
이 있어 그 직무를 잘하는 자이니 오벧에돔에게서 난 자가 육십이 명이며

26:9 또 므셀레먀의 아들과 형제 열여덟 명은 능력이 있는 자라

26:12 이상은 다 문지기의 반장으로서 그 형제처럼 직임을 얻어 여호와의 성전
에서 섬기는 자들이라

27:1 이스라엘 자손의 모든 가문의 우두머리와 천부장과 백부장과 왕을 섬기는
관원들이 그들의 숫자대로 반이 나누이니 각 반열이 이만 사천 명씩이라 일 년
동안 달마다 들어가며 나왔으니

27:34 브나야의 아들 여호야다와 아비아달은 아히도벨의 뒤를 이었고 요압은 왕
의 군대 지휘관이 되었더라

베드로후서 1장 | 흔들리지 말아야 함

1:3 그의 신기한 능력으로 생명과 경건에 속한 모든 것을 우리에게 주셨으니 이
는 자기의 영광과 덕으로써 우리를 부르신 이를 앎으로 말미암음이라

1:4 이로써 그 보배롭고 지극히 큰 약속을 우리에게 주사 이 약속으로 말미암아
너희가 정욕 때문에 세상에서 썩어질 것을 피하여 신성한 성품에 참여하는 자가
되게 하려 하셨느니라

1:10 그러므로 형제들아 더욱 힘써 너희 부르심과 택하심을 굳게 하라 너희가
이것을 행한즉 언제든지 실족하지 아니하리라

1:11 이같이 하면 우리 주 곧 구주 예수 그리스도의 영원한 나라에 들어감을 넉
넉히 너희에게 주시리라

1:16 우리 주 예수 그리스도의 능력과 강림하심을 너희에게 알게 한 것이 교묘
히 만든 이야기를 따른 것이 아니요 우리는 그의 크신 위엄을 친히 본 자라

1:21 예언은 언제든지 사람의 뜻으로 낸 것이 아니요 오직 성령의 감동하심을
받은 사람들이 하나님께 받아 말한 것임이라

오늘의 찬양
찬송가 488장 | 이 몸의 소망 무언가

맥체인성경365
1889p

미가 4장 | 끝날에 이루어지는 평화의 나라

4:2 곧 많은 이방 사람들이 가며 이르기를 오라 우리가 여호와의 산에 올라가서
야곱의 하나님의 전에 이르자 그가 그의 도를 가지고 우리에게 가르치실 것이니
라 우리가 그의 길로 행하리라 하리니 이는 율법이 시온에서부터 나올 것이요 여
호와의 말씀이 예루살렘에서부터 나올 것임이라

4:3 그가 많은 민족들 사이의 일을 심판하시며 먼 곳 강한 이방 사람을 판결하시
리니 무리가 그 칼을 쳐서 보습을 만들고 창을 쳐서 낫을 만들 것이며 이 나라와
저 나라가 다시는 칼을 들고 서로 치지 아니하며 다시는 전쟁을 연습하지 아니하
고

4:4 각 사람이 자기 포도나무 아래와 자기 무화과나무 아래에 앉을 것이라 그들
을 두렵게 할 자가 없으리니 이는 만군의 여호와의 입이 이같이 말씀하셨음이라

4:5 만민이 각각 자기의 신의 이름을 의지하여 행하되 오직 우리는 우리 하나님
여호와의 이름을 의지하여 영원히 행하리로다

누가복음 13장 | 포기하지 말아야 함

13:5 너희에게 이르노니 아니라 너희도 만일 회개하지 아니하면 다 이와 같이 망하
리라

13:19 마치 사람이 자기 채소밭에 갖다 심은 겨자씨 한 알 같으니 자라 나무가 되
어 공중의 새들이 그 가지에 깃들였느니라

13:21 마치 여자가 가루 서 말 속에 갖다 넣어 전부 부풀게 한 누룩과 같으니라 하
셨더라

13:24 좁은 문으로 들어가기를 힘쓰라 내가 너희에게 이르노니 들어가기를 구하
여도 못하는 자가 많으리라

13:30 보라 나중 된 자로서 먼저 될 자도 있고 먼저 된 자로서 나중 될 자도 있느니
라 하시더라

말씀연결 중심내용

대상 26-27 국방 및 지방 행정을 담당했던 지도자들에 대한 말씀입니다. 다윗이 군대조직을 어떻게 세웠으며, 지방행정은 어떻게 관리했고, 또 다윗 왕의 재산을 관리하고 또 사역을 조언하는 참모들을 어떻게 선별해서 나라를 다스려갔는지를 보게 하는 말씀입니다.

벧후 1 예수 그리스도의 강림하심 곧 다시 오심은 교묘하게 꾸민 신화가 아님을 강조하고 있는데, 예수 그리스도의 재림에 대해 의심하고 그 교훈이 거짓되게 꾸민 이야기라고 말하며 그 믿음을 흔드는 사람이 있었다는 것입니다. 따라서 흔들리지 말고 굳건한 믿음으로 예수 그리스도의 재림과 또한 이를 통해 이루어질 하나님의 나라를 소망하고 붙들어야 한다는 것을 보여줍니다.

미 4 장래에 하나님의 다스림과 통치 속에서 이루어질 나라에 대해서 말씀하고 있는데, 전쟁과 싸움이 그치고, 전쟁을 준비하는 일도 중단되며, 칼이 보습이 되고 창이 낫으로 바뀌게 된다고 말합니다. 무엇보다 그 나라는 자족하는 곳으로 욕심이 사라지게 된다고 말씀하고 있는데, 각 사람이 자기 포도나무 아래와 자기 무화과나무 아래에 앉게 된다는 것입니다. 사람들이 자기 것으로 만족하며 욕심을 부리지 않는다는 것을 보여줍니다.

눅 13 하나님의 나라를 겨자씨 한 알과 가루 속에 있는 누룩으로 비유하고 있습니다. 곧 처음은 작고 보이지 않지만 결국 공중의 새들이 깃들일 만큼 큰 나무로 자라고 가루 서 말을 전부 부풀게 할 만큼 영향력을 나타낸다고 말씀합니다. 믿음을 가지고 포기하지 않으면 크고 풍성한 하나님 나라의 열매를 보게 된다는 것을 보여줍니다.

말씀묵상

당장에 하나님의 나라가 눈에 보이지 않고 심히 작게 보인다 할지라도 포기하지 말아야 합니다. 하나님의 나라에 소망을 두고 어떤 사람들의 말과 유혹에도 흔들리지 말고 붙들어야 합니다. 하나님께서 끝날에 이루실 평화의 나라를 소망하며, 고난 속에서도 인내하며 기꺼이 하나님을 위해 헌신해야 합니다.

말씀적용 오늘의 감사

말씀적용

오늘의 감사

믿음으로 감사

소망으로 감사

사랑으로 감사

말씀암송

벧후 1:21 □□은 언제든지 사람의 뜻으로 낸 것이 아니요 오직 □□의 감동하심을 받은 사람들이 하나님께 받아 말한 것임이라

말씀기도

❶ 주의 강림과 이루실 나라를 믿음으로 붙들며 결코 헛된 교훈에 넘어지지 않게 하소서.

❷ 당장에 작고 눈에 보이지 않아도 끝까지 포기하지 않고 하나님의 나라를 소망 중에 붙들게 하소서.

❸ 하나님의 나라에서 누릴 영광과 기쁨을 소망하며 오늘의 인내와 헌신을 피하지 않게 하소서.

말씀배경 지식

겨자씨 한 알 같으니 (눅 13:19)

겨자씨 식물은 팔레스틴에서 자랐던 나물 종류에서 가장 크다. 한 계절 동안에 지극히 작은 씨에서 작은 나무 크기의 관목(灌木)으로 자라는 놀라운 성장은 예수의 제자들에 의한 미미한 시작에서 보편적으로 널리 인정하게 되는 영적 영역으로 성장한 그 나라를 예언적으로 묘사했다.

334 일차 365

11월 30일

형통과 축복의 삶

역대상 28장 | 베드로후서 2장 | 미가 5장 | 누가복음 14장

역대상 28장 | 형통의 길

28:2 이에 다윗 왕이 일어서서 이르되 나의 형제들, 나의 백성들아 내 말을 들으라 나는 여호와의 언약궤 곧 우리 하나님의 발판을 봉안할 성전을 건축할 마음이 있어서 건축할 재료를 준비하였으나

28:8 이제 너희는 온 이스라엘 곧 여호와의 회중이 보는 데에서와 우리 하나님이 들으시는 데에서 너희 하나님 여호와의 모든 계명을 구하여 지키기로 하라 그리하면 너희가 이 아름다운 땅을 누리고 너희 후손에게 끼쳐 영원한 기업이 되게 하리라

28:9 내 아들 솔로몬아 너는 네 아버지의 하나님을 알고 온전한 마음과 기쁜 뜻으로 섬길지어다 여호와께서는 모든 마음을 감찰하사 모든 의도를 아시나니 네가 만일 그를 찾으면 만날 것이요 만일 네가 그를 버리면 그가 너를 영원히 버리시리라

28:10 그런즉 이제 너는 삼갈지어다 여호와께서 너를 택하여 성전의 건물을 건축하게 하셨으니 힘써 행할지니라 하니라

28:20 또 그의 아들 솔로몬에게 이르되 너는 강하고 담대하게 이 일을 행하라 두려워하지 말며 놀라지 말라 네가 여호와의 성전 공사의 모든 일을 마치기까지 여호와 하나님 나의 하나님이 너와 함께 계시사 네게서 떠나지 아니하시고 너를 버리지 아니하시리라

베드로후서 2장 | 멸망의 길

2:1 그러나 백성 가운데 또한 거짓 선지자들이 일어났었나니 이와 같이 너희 중에도 거짓 선생들이 있으리라 그들은 멸망하게 할 이단을 가만히 끌어들여 자기들을 사신 주를 부인하고 임박한 멸망을 스스로 취하는 자들이라

2:3 그들이 탐심으로써 지어낸 말을 가지고 너희로 이득을 삼으니 그들의 심판은 옛적부터 지체하지 아니하며 그들의 멸망은 잠들지 아니하느니라

2:4 하나님이 범죄한 천사들을 용서하지 아니하시고 지옥에 던져 어두운 구덩이에 두어 심판 때까지 지키게 하셨으며

2:13 불의의 값으로 불의를 당하며 낮에 즐기고 노는 것을 기쁘게 여기는 자들이니 점과 흠이라 너희와 함께 연회할 때에 그들의 속임수로 즐기고 놀며

2:14 음심이 가득한 눈을 가지고 범죄하기를 그치지 아니하고 굳세지 못한 영혼들을 유혹하며 탐욕에 연단된 마음을 가진 자들이니 저주의 자식이라

오늘의 찬양
찬송가 212장 | 겸손히 주를 섬길 때

맥체인성경365
1896p

미가 5장 | 축복의 길

5:2 베들레헴 에브라다야 너는 유다 족속 중에 작을지라도 이스라엘을 다스릴
자가 네게서 내게로 나올 것이라 그의 근본은 상고에, 영원에 있느니라

5:7 야곱의 남은 자는 많은 백성 가운데 있으리니 그들은 여호와께로부터 내리
는 이슬 같고 풀 위에 내리는 단비 같아서 사람을 기다리지 아니하며 인생을 기
다리지 아니할 것이며

5:8 야곱의 남은 자는 여러 나라 가운데와 많은 백성 가운데에 있으리니 그들은
수풀의 짐승들 중의 사자 같고 양 떼 중의 젊은 사자 같아서 만일 그가 지나간즉
밟고 찢으리니 능히 구원할 자가 없을 것이라

5:9 네 손이 네 대적들 위에 들려서 네 모든 원수를 진멸하기를 바라노라

누가복음 14장 | 존경의 길

14:8 네가 누구에게나 혼인 잔치에 청함을 받았을 때에 높은 자리에 앉지 말라 그
렇지 않으면 너보다 더 높은 사람이 청함을 받은 경우에

14:9 너와 그를 청한 자가 와서 너더러 이 사람에게 자리를 내주라 하리니 그 때에
네가 부끄러워 끝자리로 가게 되리라

14:11 무릇 자기를 높이는 자는 낮아지고 자기를 낮추는 자는 높아지리라

14:13 잔치를 베풀거든 차라리 가난한 자들과 몸 불편한 자들과 저는 자들과 맹인
들을 청하라

14:14 그리하면 그들이 갚을 것이 없으므로 네게 복이 되리니 이는 의인들의 부활
시에 네가 갚음을 받겠음이라 하시더라

14:15 함께 먹는 사람 중의 하나가 이 말을 듣고 이르되 무릇 하나님의 나라에서
떡을 먹는 자는 복되도다 하니

말씀연결 중심내용

대상 28 다윗이 그 아들 솔로몬에게 당부하며 전하는 말로, 하나님을 경외하며 주신 명령을 따라 순종하여 성전을 건축하라고 말합니다. 성전 건축의 일이 결코 쉽지 않은 일이지만, 두려워하지 않고 하나님의 명령에 순종하여 담대히 도전하면 결국 하나님께서 그 모든 일을 이루신다는 것입니다. 하나님께서 떠나지 않고 함께하시며, 그 함께하시는 하나님께서 그 모든 일을 이루신다는 것을 보여줍니다.

벧후 2 거짓 선지자들에 대한 말씀으로 주를 부인하고 거짓된 진리를 따라 이단을 전하는 이들에게는 오직 멸망만이 있다고 말씀합니다. 그들의 심판은 지체하지 않으며 멸망은 잠들지 아니한다는 것을 보여줍니다.

미 5 야곱의 남은 자에 대한 말씀으로 이들을 이슬과 단비로 비유하고 있는데, 그만큼 하나님의 은혜와 풍성함의 축복을 누리게 된다는 것입니다. 따라서 더 이상 사람을 의지하거나 소망을 두지 않고 하나님을 의지한다는 것을 보여줍니다.

눅 14 교만함으로 스스로를 높이면 결국에는 부끄러움을 당하게 되지만 겸손함으로 스스로를 낮추면 결국 주변 사람들에 의해 높임을 받고 존경받게 된다는 것을 보여줍니다.

말씀묵상

사람이 아닌 하나님을 의지하며 소망을 두는 자에게 축복이 주어집니다.

말씀적용 오늘의 감사

말씀적용

오늘의 감사

믿음으로 감사

소망으로 감사

사랑으로 감사

말씀암송

눅 14:11 무릇 자기를 □이는 자는 □□지고 자기를 □□는 자는 □□지리라

말씀기도

❶ 거짓된 진리에서 돌이켜 넘어지지 않게 하시고, 믿음과 담대함으로 주의 말씀에 순종함으로 하나님의 형통의 은혜를 누리게 하소서.

❷ 사람을 의지하며 소망을 두지 않고 오직 하나님을 의지하고 소망을 둠으로 하나님이 주시는 풍성함의 축복을 누리게 하소서.

❸ 겸손함으로 스스로를 낮추어 결국에는 높임과 존경의 삶을 살게 하소서.

말씀배경 지식

그들의 속임수로 즐기고 놀며 (벧후 2:13)

베드로는 그리스도인의 연락(宴樂)의 남용에 관해 말한다. 언제나 충분한 식사를 바라면서 그들은 환락과 계속적인 거짓 가르침을 위한 기회로 삼는다. 유다가 그리스도인들이 함께 먹는 것을 애찬(愛餐)으로 언급하는 것과는 다른 기준이다.

맥체인성경 정독에 참고할 자료

도서

1. 『영감 넘치는 맥체인 성경읽기』 (로고스성경사역원)
2. 『영감 넘치는 맥체인 성경읽기 워크북(훈련교재)』 (로고스성경사역원)
3. 『맥체인성경읽기방법 성경 이렇게 읽읍시다』(부흥과 개혁사)
4. 『로버트 맥체인 회고록』(부흥과개혁사)
5. 『로버트 맥체인과 떠나는 여행』(부흥과 개혁사)
6. 『로버트 맥체인』(지평서원)
7. 『로버트 머리 맥체인: 하나님의 사람들』(양무리서원)
8. 『거룩을 갈망한 작은 예수 로버트 맥체인』(넥서스크로스)
9. 『로버트 M, 맥체인의 생애』(CLC)
10. 로버트 맥체인 설교집 『마태복음』,『마가복음』,『로마서』(그책의 사람들)
11. 『맥체인성경365 통독묵상 가이드』 (선교횃불)
12. 『맥체인 통독 맥잡기1, 2, 3, 4, 5, 6』 (선교횃불)
13. 맥체인정독 길라잡이(선교횃불)
14. 맥체인큐티(선교횃불)
15. 맥체인성경 365(선교횃불)
16. 맥체인성경 2면4책(선교횃불) 근간예정
17. 『맥체인 성경 읽기 해설 1, 2, 3, 4』 (세움북스)

SNS 참조

페이스북 : https://www.facebook.com/profile.php?id=100006657647442
네이버 블로그 : https://blog.naver.com/missiontorch
네이버 까페 : https://cafe.naver.com/jesuslovezone
다음 까페 : http://cafe.daum.net/missiontorch
유튜브 : 맥체인성경세미나

맥체인성경 통독 웹사이트

드라마 바이블 : https://dramabible.org
갓피플 성경통독 어플 http://www.godpeople.com/?GO=mobile_detail&appid=93
성경타자통독 : https://bible.ctm.kr/

오디오 성경

Hi-Fi 로고스 맥체인 전자성경

MQ
맥체인큐티(12-11)

발 행 인 김수곤
편집위원 김홍양 임건혁 정현기 김종인
디 자 인 디자인이츠
등록한날 2020년 10월 15일
등록번호 송파, 라00228
발행한곳 선교횃불
등록주소 송파구 백제고분로 27길 12(삼전동)
전 화 (02) 2203-2739
팩 스 (02) 2203-2738
이 메 일 ccm2you@gmail.com
홈페이지 www.ccm2u.com
발 행 일 2020년 11월 1일
인 쇄 처 한빛인쇄